探秘圣山

发现之旅栏目组 编著

上海科学技术文献出版社
Shanghai Scientific and Technological Literature Press

图书在版编目（CIP）数据

探秘圣山 / 发现之旅栏目组编著． —上海：上海科学技术文献出版社，2020 (2021.8重印)
（考古发现之旅）
ISBN 978-7-5439-8013-6

Ⅰ．①探… Ⅱ．①发… Ⅲ．①山—文化史—中国—通俗读物 Ⅳ．① K928.3-49

中国版本图书馆 CIP 数据核字 (2019) 第 288844 号

策划编辑：张　树
责任编辑：杨怡君　曹　惠
封面设计：合育文化

探 秘 圣 山
TANMI SHENGSHAN
发现之旅栏目组　编著
出版发行：上海科学技术文献出版社
地　　址：上海市长乐路 746 号
邮政编码：200040
经　　销：全国新华书店
印　　刷：常熟市文化印刷有限公司
开　　本：720×1000　1/16
印　　张：10.75
字　　数：153 000
版　　次：2021 年 8 月第 2 次印刷
书　　号：ISBN 978-7-5439-8013-6
定　　价：45.00 元
http://www.sstlp.com

目　录

石头，坚硬而冰冷，然而经过人类之手获得了新的生命：人们把形象和文字镌刻在石头上，替脆弱的生命记录下印迹，留住了人类许多曾经的故事和希冀。

中国古代石刻

一、石器——人类对石头的最早利用

位于中国河北省井陉县的于家村，被称为石头村。这里俨然是一个石头的世界：石板路，石房子，石拴马石桩，还有石磨、石井、石水槽等，至今石水槽仍是村民们洗衣服的地方。全村共有石头房屋4000多间，石板街道3700多米，石井窖池1000多个，石碑200多块。可以说于家村人利用了石头，石头又打造了于家村。

▲ 于家村

▲ 石箭头

歇山顶：古建筑屋顶样式之一，在规格上仅次于庑殿顶。由于其正脊两端到屋檐处中间折断了一次，分为垂脊和戗脊，好像“歇”了一歇，故名歇山顶。上半部分为悬山顶或硬山顶的样式，下半部分则为庑殿顶的样式，在视觉效果上给人以棱角分明、结构清晰的感觉。现存最早的歇山顶式建筑是五台山的唐朝南禅寺大殿。

鸱吻：又称螭吻，汉朝建造宫殿时，为防止起火就在屋顶正脊两端安装形状类似鸱尾的吞脊兽构件。螭是龙的第九子，喜欢东张西望，经常被安排在建筑物的屋脊上，做张口吞脊状。螭吻属水性，用它作镇邪之物以避火。

其实，利用石头并非于家村人的专利，因为早在人类的发展进程初期，石头就曾被早期的人类打制为重要的工具。人类从距今200多万年前开始使用石器，一直延续到距今约4000年前。直到铜矿石被发现和利用，青铜器才逐渐取代了石器。

随着时代的进步，人类对石头的兴趣不但没有减弱，相反，还在石头上雕刻图案和文字。这些石刻、石雕被保存了下来，成为破译古代人们生活方式的重要依据。

石刻的起源可以追溯到古代的岩画，古代的人们在岩石上绘画，后来逐渐发展成为石雕。在四川省成都市金沙遗址出土的动物和人形的石雕，据考证可能是用来祭祀的，这表明古老的原始先民们已经赋予了石头超出实用工具的意义。古代的人们借助坚硬的石头保存住了曾经的所思所为，形成了独特的石刻石雕艺术。

▲ 李寿墓的石椁、墓志

到了西汉时期，一些王公开山为陵，如满城中山靖王刘胜夫妇的墓就是在天然山体上开凿出两个巨大的洞穴，作为死后的居所。到了唐朝，有些贵族突发奇想，为自己做起了石头棺材。这些石棺完全采取歇山顶式的唐朝建筑形式，两边有高翘的鸱吻，窗子、斗拱、瓦当等都刻画得非常精美。有一位名叫李寿的贵族，他的石棺由8块厚石板和8根倚柱构成，外壁上浮雕着文武卫士、侍从和神仙，内壁上刻有乐舞、侍从人物和12生肖等，雕刻工艺精到，形象生动活泼，成为我国石雕的代表作。

二、石碑——无处不在的石刻形式

我国古代的人们给石头赋予的另一种意义就是无处不在的石碑，它是我国最常见的一种石刻形式。

我国石碑的起源和丧葬制度有着密切的关系。人们在石头上刻死者的名字和生平，再放在坟墓前，于是墓碑就产生了。墓碑在汉朝最为流行，因为汉朝实行厚葬，王公贵族们甚至每年要拿出个人经济收入的三分之一用于修建墓葬，"树碑立传"这一成语就起源于那个奢靡之风盛行的时代。汉朝以后的统治者严禁铺张浪费，不允许在坟前树碑。在这样的情况下，有人就把大石碑变成小石碑，放进墓室里。变通的结果是出现了"墓志"，墓志上写的是墓主人的功绩和生平，这些文字就叫"墓志铭"。

不管留在石碑上的文字一开始是出于何种目的，但它却在无意中为后人记录下了某一段历史。我国古代少数民族政权西夏国建立于11世纪，西夏民族根据汉字创制了自己的文字。后来西夏王国消失，西夏文字也就此消逝，西夏王国也因此被蒙上了神秘的面纱。幸亏有一块完整的西夏文字石碑被保存了下来。发现这块石碑还有一段

▲ 西夏碑

颇有意思的故事：今天甘肃省武威市一带曾是西夏王国的领地，清朝时有一位学者来到武威大云寺游览，发现寺院里有一座碑亭被砖块封死，这到底是为什么呢？僧人告诉他，那里面藏着一块不吉利的石碑，一旦出世就会带来灾难。在这位学者的再三要求下，砖块被拆掉，露出了秘藏的石碑。石碑的一面是西夏文，另一面是汉文，每面1800多字，内容涉及西夏的社会经济等各方面的内容。这块石碑成为研究西夏王国难得的珍贵资料，人们终于找到了这个曾经遗失在历史深处王国昔日的踪影。

石碑的功用除做墓碑外，还有祠庙碑、记事碑、记功碑等。皇帝的“御碑”还要专门修建一座御碑亭，以示对这些碑文的尊重。西安碑林的“大秦景教流行中国碑”是世界四大名碑之一。这块1000多字的石碑记录了基督教的一个支派——景教传入中国的往事：635年，叙利亚传教士阿罗本从波斯来到西安，唐太宗特许他建造景教寺院，景教因此在我国唐朝有了很大的发展。这段历史在史书中从未提到，此碑被发现之前，人们从不知道基督教早在唐朝就已在我国流传。这段早被遗忘的历史依靠这块石碑才得以揭开了谜底。

在山体上直接刻字记事叫作摩崖石刻，摩崖石刻也是石碑的一种特殊类型。它广泛分布于我国的大江南北。

泰山被称为“天下第一山”，虽然它的主峰海拔仅1500多米，但泰山雄奇的山势，叠起的峰峦，突兀的主峰，使它的气势非同寻常。从夏、商开始，历代帝王都登临泰山祭祀，建庙塑神，刻石题字，历史上一共有72个君王来泰山会诸侯、定大位，刻石记号。古代的文人雅士更对泰山仰慕备至，纷纷前来游历，作诗记文。至今泰山上已留下了1696处碑碣石刻。

▲ 泰山石刻

在泰山石刻中，最早的作品是秦朝的石刻“无字碑”，“无字碑”位于泰山玉皇顶玉皇庙门前，高6米，宽1.2米，厚0.9米，形制古朴浑厚。泰山还有秦朝丞相李斯篆书的刻字碑，虽历经风雨剥蚀只剩下“臣去疾臣请矣臣”7个完整的字，其义也不得而知。但这块石刻被称为“小篆鼻祖”，堪称稀世珍宝。经石峪是泰山石刻中最著名的一处，在2000多平方米的石坪上，刻着隶书《金刚经》，字径50厘米，笔锋遒劲有力，被称为“大字鼻祖”“榜书之宗”，经过1400多年的风雨剥蚀，至今仍保存1043个字。

《金刚经》：公元前494年成书于古印度，是如来世尊释迦牟尼在世时与长老须菩提等众弟子的对话记录，由弟子阿傩所记载，大乘佛教重要经典之一。《金刚经》传入中国后，自东晋到唐朝共有6个译本，以鸠摩罗什所译的《金刚般若波罗蜜经》最为流行。20世纪初出土于敦煌的《金刚经》，是世界最早的雕版印刷品之一，现存于英国国家图书馆。

毫无疑问，一块块冰冷坚硬的石碑因艺术的渲染而获得了新的生命，石碑的记事功能，在中国文化的博大怀抱中得到了最大程度的延伸和深化。

三、画像石——古代绘画的另类作品

在我国古代，石头还被人们用来当作画纸作画，这就是画像石。

画像石产生于西汉，流行于东汉，主要在墓葬中用来装饰和祈愿，或者叙述墓主人生前的生活。东汉以后，画像石就基本消失了。正因为如此，画像石也成了汉朝的一种文化特征。

画像石的题材非常广泛，如描绘神仙——东王公、西王母，还有宾客图、出行图，以及狩猎、喂马、拾粪等生活内容，都刻画得非常生动。

汉武帝曾经把中国带入了一个兴盛时代，当时最年轻的军事统帅霍去病先后4次出击匈奴，立下了卓著的功勋。公元前117年，年仅23岁的霍去病去世。为纪念他的功绩，汉武帝为他修建了墓园。今天，人们在瞻仰霍去病陵墓时，除感慨他的传奇故事，更多的是关注那些用以表彰这位战将的巨型石刻作品。这批雕刻作品简约夸张、粗犷传神，也许它们正是那个时代社会

▲“马踏匈奴”石雕

精神的反映。

这些雕刻作品大部分是用形似的石头进行简单加工而成，比如有一匹骏马就是利用一块石头的自然形状顺势加工而成的。它四蹄腾空，在奔跑时发出嘶鸣，鼻孔在喘着粗息，下唇在颤动，这充分体现了汉朝石刻博大、恢宏、狂放，有开拓进取之势的特点。在这里最著名的雕刻作品当属“马踏匈奴”：一匹昂首挺立的战马，在端庄肃穆中蕴含着力量。这是我国第一个纪念碑式的雕刻。今天，它仍会令人想起2000多年前征伐匈奴时那令人震撼的壮阔场面。

唐太宗死后埋葬在风景秀丽的九嵕山。今天这一带已经失去了往日的风貌，能够反映当时盛极一时的，只有包括被风雨剥蚀的6匹石刻骏马浮雕像在内的石刻石雕。“昭陵6骏”只有4座雕像还保存在陕西省碑林博物馆，另2匹在1914年被盗运到了美国。据说，这6匹马都是唐太宗李世民在历次征战中的坐骑。636年，唐太宗命画家阎立本绘制6匹骏马图，分别雕刻在6块石屏上。

相对于汉朝石刻注重夸张来说，唐朝石刻更加注重写实。一匹叫“飒露紫”的石刻骏马，刻画了受箭伤的马由随将拔出箭矢那一刻的情景：马微微向后坐，配合主人拔箭。主人怕马疼痛，左手小心翼翼地扶在马的胸前，右手轻轻握着箭杆准备往出拔，他好像在对马说，我给不给你拔箭？不拔你会疼死，拔箭的这一瞬间你还会疼……那种心态的刻画令人回味无穷。

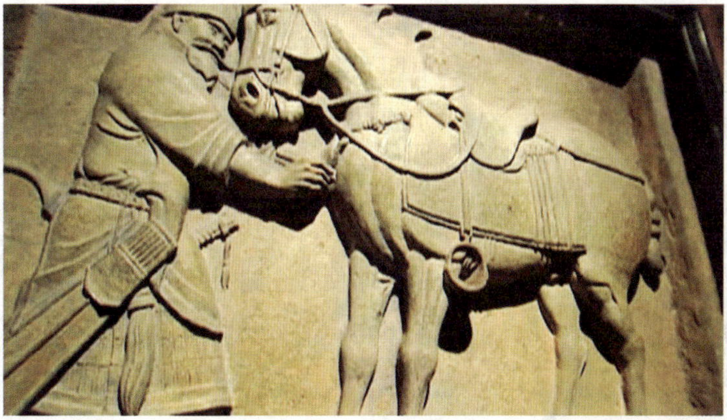

▲“飒露紫”骏马石刻

四、凿窟造像——追求安宁的希望种子

凿窟造像，使我国古代的石雕艺术出现了巨大的转变。

从魏晋到唐朝建立的四五百年间，中国正处于剧烈的社会变革时期。经受动荡、混乱、痛苦的千年帝国，当佛教经帕米尔山口传入时，佛教便在人们的心中播下了追求安宁的希望种子。于是，成千上万的人们怀着虔诚的心情，在山上年复一年，日复一日地凿窟造像，迎来了由外来文化和我国传统文化相结合而诞生的辉煌的佛教石刻艺术时代。著名的云冈、敦煌、龙门、麦积山四大石窟就开凿于这个时代。

位于河南省洛阳市的龙门石窟就是一条石刻艺术长廊，现存石窟1300多个，佛像97000余尊。这里的宾阳洞开凿于6世纪的北魏时期，前后用了24年才完成。洞内有11尊大佛像，这些造像在形式风格上明显地受到西域文化的影响，

四大石窟： 指以中国佛教文化为特色的巨型石窟艺术景观，包括敦煌莫高窟、大同云冈石窟、洛阳龙门石窟、天水麦积山石窟。莫高窟又名“千佛洞”，是现存规模最庞大的“世界艺术宝库”，1987年被联合国教科文组织列为世界文化遗产。云冈石窟堪称5世纪中国石刻艺术之冠，反映出佛教造像在中国逐渐世俗化、民族化的过程。龙门石窟的造像艺术一开始就融入了对本民族审美意识和形式的悟性与强烈追求，堪称展现中国石窟艺术变革的里程碑。麦积山有最早期的经变画等遗迹，是佛教艺术自东向西影响的转折性阶段的重要遗迹。

▲ 青州石刻佛像

主像释迦牟尼像，高鼻大眼，体态端庄祥和，是北魏中期石雕艺术的杰作。

北魏时期造像的风潮一直席卷到我国东部大海边，山东青州龙兴寺曾出土5—7世纪的400多尊佛教造像。其中不少佛像还可以看到龙的形象，说明即使在引进外来文化之初，我国工匠们已经在不自觉地融入了本土文化的特色。到了6世纪初，佛教雕像开始更多地融合进当时我国文人的审美时尚，变得清秀飘逸起来，服饰“褒衣博带”，使来自印度的佛穿起了宽衣大袖这种典型的汉族传统服装。

到了6世纪中期，佛教造像的风格又发生了明显的变化：佛像面部大多丰满圆润，体态敦实厚重，表现出我国北方民族健壮有力的体魄特征，所有造像的服饰风格也变得简洁明快，轻薄贴体，显露出极为健康优美的身段。

唐朝是我国进入文化空前繁荣的时期，佛像的艺术风格又一次出现变化，佛像体态富足，面含微笑，神情安详，表现出内心的满足安逸，盛唐雄浑博大的气象在这里得到了充分的反映。龙门石窟奉先寺里的卢舍那佛像就是唐朝佛教造像的代表作。卢舍那意为光明遍照，这尊佛像丰颐秀目，嘴角微翘，已经完全摒弃了印度人的形象，变成了地道的中原汉人，雕刻手法也在吸收外来技法的基础上完全中国化了。从此，这种类型的佛教造像就成为中国特有的菩萨形象。

▲ 龙门石窟石刻佛像

唐朝以后，盛极一时的石窟艺术逐步走向平缓。不过，就在我国北方的石窟艺术日渐衰落之时，长江流域又出现了新的创造，四川乐山大佛就是一个人间奇迹。

▲ 乐山大佛

乐山大佛是我国古代最高的弥勒石刻大佛，它建成于 803 年，通高 71 米，坐身高 59.96 米，肩宽 28 米。海通和尚是开凿乐山大佛的发起人，他在凌云山顶上看见山下的江水常常颠覆舟楫，于是发下宏誓，开凿弥勒大佛，镇得江河安宁。当地的能工巧匠前后花费了 18 年时间，才完成了这个伟大的石刻工程。

我国古代的石刻、石雕还包括印章、石狮子、石像生以及石牌坊等。到了明、清时期。在皇帝的宫殿里，大量的石雕极尽繁杂与华丽，雕刻中有各种各样龙的形象。同时，还有威风凛凛的石狮子守卫着皇家大院。

此外，被赋予我国古代人生理想的石牌坊在各地比比皆是。如“贞节牌坊”“烈女牌坊”和“孝子牌坊”。在于家村就有这样一座象征女人贞节的牌坊，这个牌坊是清乾隆皇帝御赐给吴敬户之妻卢氏的，卢氏从 21 岁守寡直到后来也没有改嫁。尽管这些冰冷的贞节牌坊记录的是妇女在封建制度下的悲惨故事，但仍不失为中国古代石雕艺术的杰出代表。

学者谢冰游历山西天龙山时，发现北齐时期的100多尊佛像的佛头都不见了。他决心要找回佛头，重现天龙山精美的石刻艺术，于是开始了长达8年的奔走。

追踪佛首

山西省太原市西南，有一座天龙山，属于吕梁山脉的分支，海拔1700多米，山势险峻，松柏成荫。1400多年前，南北朝东魏时期，当地佛教盛行，开始在天龙山建造石窟，雕琢佛像，工程持续了100多年。凿出了25个石窟，佛祖、菩萨、金刚造像500多个。可是，这些精美的佛像，在20世纪20年代，遭到严重的破坏，几乎一夜之间，造像的头部都不翼而飞了。

▲ 无头佛像的默默哀痛

2001年7月的一天，38岁的谢冰一个人到天龙山旅游。他曾听人说过天龙山佛首丢失的事情，这引起了他极大的关注。在游历了天龙山所有的25个石窟后，他发现，除了第9窟那个最大的佛像，还保留完整外，其他石窟里面佛像的头，都被人用凿子敲掉了。

谢冰：“就像一个鲜活的生命，被人生生地敲下来拿走了，所以心情非常沉痛。”

从天龙山回到北京后，谢冰的心里久久不能平静。眼前总浮现出那些残躯断肢的佛像，似乎能听到回荡在天龙山中的悲鸣。是谁盗走了这些佛首，它们现在又在哪里？作为一名研究百年中国文物流失史的学者，谢冰认为天龙山佛首的丢失，很可能也是一起文物流失案例，于是，他决定对此展开调查。在翻阅了大量的资料后，谢冰了解到，天龙山石窟第一次被世人所知，是在1921年。那一年，一名日本学者根据地方志，找到了天龙山石窟，并将考察报告以及所拍摄的石窟照片公布于世。12年后，国内学者王作宾到天龙山考察时，就发现，佛像的头部已经丢失了。在这12年当中，天龙山究竟发生了什么事情呢？从王作宾的调查报告中，谢冰发现了一个线索。

> **天龙山石窟：**在山西太原市西南40千米的天龙山。天龙山亦名方山，海拔高1700米。历史上曾是北齐皇帝高洋之父高欢的避暑宫。由于北齐时山下兴建了天龙寺，后人就习惯地称之为天龙山了。天龙寺，宋朝易名为圣寿寺，1984年失火，寺庙被焚毁。

谢冰：“山下的一个寺院，叫圣寿寺。这个寺院是为守护天龙山石窟而建造的。要想攀登到天龙山石窟的山顶，一定要经过这个寺院，下山也要经过这个寺院。”

这些石雕佛首，每个重量至少几十千克，要想把它们从陡峭的山上运下来，几个人根本无法完成。基于这些原因，王作宾怀疑，天龙山佛首的丢失，绝不是三五个盗贼所为，而是有组织的，规模很大的一次盗抢，很可能和当时圣寿寺

▲ 为保护天龙山石窟而建的圣寿寺

中的和尚有关。

谢冰：“如果和尚没有参与这个盗凿活动或不知情，那外人是不可能把佛头盗走的。”

山中定次郎：1866年，山中定次郎出生在日本大阪古董商家庭，在父亲的影响下，他在少年时代就对古董产生了兴趣。在20世纪初，全世界最大经营中国古董买卖的机构是日本山中商社，其灵魂人物就是日本古玩业巨子山中定次郎。正是由于山中商社的推波助澜，海量的中国珍贵文物开始了背井离乡之旅。

难道真如王作宾所说，是有人勾结圣寿寺和尚盗走了佛首吗？这个人又是谁呢？在浩如烟海的资料中，一张拍摄于20世纪20年代的照片引起了谢冰的注意。照片中间的和尚，是当时圣寿寺的住持净亮和尚，他旁边的那个人，则是时任日本山中商会的会长，山中定次郎。

谢冰：“1900—1940年，山中定次郎是全世界最大的中国古董商。”

对于山中定次郎，谢冰非常熟悉。他知道这个日本人在八九十年前，曾经参与过多起中国文物流失大案。凭借倒卖中国文物艺术品，山中商社大发其财，发展迅猛。短短几年，就在北京、伦敦、巴黎、纽约等地，设立了分店及办事处，进而成为世界上规模最大的中国古董商。

谢冰：“他既是英国皇家的御用古董经纪人，又跟瑞典王子有深厚的交往。”

▲ 引起谢冰注意的历史照片

这样一个大古董商，怎么会跑到穷乡僻壤，找一个和尚以及一帮苦力拍合影呢？难道说，是山中定次郎勾结净亮和尚，盗走了天龙山的佛首？

谢冰：“首先必须找到山中商社的后人，问他们对这一段历史是否有了解，手中是否还有资料能提供给我们。”

想到这，谢冰赶忙联系在日本的朋友，帮忙寻找山中定次郎的后人。朋友来信了，说找到了山中定次郎的曾孙，现任山中商社的社长山中让。谢冰非常高兴，但朋友接下来的一番话，让谢冰的心又跌到了谷底。

原来，无论登门拜访，还是打电话，只要山中让一听，是要了解天龙山佛头的事情，那就一概不理。山中让的举动，让谢冰明白了，自己的推断没有错，天龙山佛头的丢失，和山中商社必有牵连。不然，这山中让怎么会那么敏感呢？想到这，谢冰的倔劲上来了，他一边忙着其他工作，一边隔三岔五地就给山中让打电话，内容都一样，就是要求和对方见面，了解一些有关天龙山的事情。而山中让每次回答也都一样，无可奉告。谢冰不管那一套，接着打，就这样断断续续地，谢冰的电话竟持续打了两年。最终，山中让被谢冰的这种执着感动了，同意见谢冰一面。谢冰立马赶到了日本。

2003 年 10 月，谢冰见到了山中商社现任社长山中让。不过，这位日本老人依然没有透露任何有关天龙山的情况，只是同意让谢冰查阅山中商社的历史资料。在这些资料中，一本名为《天龙山石佛集》的小册子，让谢冰眼前一亮，他打开一看，发现这本书的作者，竟然就是山中定次郎。内容是以日记形式，记录了他两上天龙山的经历。

山中定次郎日记："大正十一年，当我第一次看到天龙山的照片，就被那里的石窟和造像深深地吸引住了，时隔两年后的今天，我终于跨越万里，来到了天龙山。这里珍藏了北齐到隋唐时代，中国佛教艺术最鼎盛时期的辉煌，它们给予我的惊讶和喜悦，无法用语言表达。"

▲《天龙山石佛集》

就是在这次天龙山之行后，山中定次郎萌生了将佛头盗走的

▲ 照片提供了证据

念头。两年后，也就是1926年，61岁的山中定次郎用2辆牛车，装满了金银珠宝，再次来到天龙山。这次，他没有直接上山，而是先找到了山下圣寿寺的住持净亮和尚。

山中定次郎日记："我终于用手中的真金白银说服了净亮僧人，他同意让我带走一部分造像的头部，这不禁让我异常兴奋，每当我带着工匠进入一个石窟，凿下一个佛首，那种喜悦，超过了得到黄金万两。"

对于山中定次郎来说，这本《天龙山石佛集》记载的是一名古董商的财富和辉煌，但对于谢冰来说，无疑是天龙山的血泪史，是强盗的罪行记录！在悲凉与痛苦中，谢冰读完了这本《天龙山石佛集》，也破解了佛首丢失的秘密。

白明（北京出版社出版集团品牌传播人）："石窟是佛教艺术的一个种类，但是石窟本身，又大大超出了宗教艺术范畴，还包含着很多人文、历史、地理等方面的宝贵信息。中国最有名的石窟是云岗、龙门石窟。专家认为云冈石窟最大的佛像的造型、衣饰，和阿富汗的巴米扬大佛有相似之处。云冈石窟从一开凿，就带有浓厚的西域风格。龙门石窟主要表现为隋唐时期的风格。天龙山恰好是在云冈和龙门之间，它是继承了北魏之后，东魏、北齐和后面隋唐的佛教的传承关系。所以天龙山的石窟，具有独特的艺术造型和艺术魅力。正是因为这种特点，使得它的石佛造像，不同于其他的佛窟，它的造像非常优美。"

《天龙山石佛集》的出现，使得沉寂了近80年的天龙山佛头丢失之谜，浮出了水面。随后，谢冰又查看了1926年之后山中商社的买卖资料。发现

▲ 日本多处美术馆、博物馆收藏着天龙山佛首

山中定次郎一共从天龙山盗走佛头45个，并将其中的大部分佛首，高价卖给了日本以及英美的博物馆。

谢冰：“东京国立博物馆、根津美术馆、大阪美术馆都收藏有天龙山佛首。”

在随后的几天里，谢冰几乎跑遍了日本所有大型博物馆，每到一处，他都看到，在展室的显要位置，摆放着形态各异的天龙山佛像。

谢冰：“他们把天龙山佛像，看成是很崇高的佛教艺术品。”

看着这些摆放在殿堂中精美的佛首，再回想满目疮痍、残躯断肢的天龙山石窟，谢冰的心里非常不是滋味。

谢冰：“当我们看到这情况的时候，感觉内心十分酸痛。”

站在每一尊佛首面前，谢冰都感觉到，在这些冰冷的岩石里面，仿佛蕴含着生命。特别是佛首的那双眼睛，在对视中，谢冰感受到了一种情感，一种召唤。于是，谢冰萌发了一个想法。

▲ 劫难前后的石窟景象

谢冰：“既然我已经在做调查工作，我是不是能为天龙山做些事情，是不是有可能把流失海外的佛像，哪怕是迎回来一尊？”

可是，这个想法如何变成现实呢？谢冰首先想到了，是否能说动一些藏家捐出一尊天龙山佛首，但随即，他就否定了自己的这个想法。

谢冰：“因为它实在太珍贵了，不管谁拥有它，都会把它当作珍贵的传家宝保存着。”

那么，有没有可能购买一尊佛首呢？谢冰心里清楚，无论是博物馆，还是私人藏家，除非万不得已，谁都不会轻易卖掉这么珍贵的宝贝。况且，这样的佛首，一尊至少价值几百万元人民币，谁又会愿意将它买下，捐给天龙山呢？想到这些，谢冰发现自己的理想是那么遥不可及，无奈之下，他只好决定先回国，再想其他办法。

山西省是我国的文物大省，在新中国成立之前，也是一个文物流失大省。因而，做文物流失调查工作的谢冰经常去山西，也就是在这个过程中，谢冰认识了许鹏。许鹏是一家大型民营企业的董事长，而且喜欢收藏艺术品。一次聊天时，谢冰无意中说起了天龙山佛头，没想到许鹏对于谢冰的想法非常支持。当即对谢冰承诺，一旦有人出售天龙山佛头，只要价格合适，他愿意掏钱将其买下，然后捐给国家。听了这个承诺，谢冰犹如久旱遇甘霖。

许鹏的承诺，意味着解决了资金难题，这让谢冰兴奋不已。可是，一转头谢冰又犯了愁，上哪去买天龙山佛首呢？就在这时，从日本那边传来了一个好消息。

谢冰：“日本的经济实力下降以后，根津美术馆的资金越来越少，为了维持美术馆的生存，决定将一些藏品拿出来拍卖。”

谢冰知道，日本的根津美术馆中，收藏有多个天龙山佛首，这次，他们会不会拿出一二个佛首参加拍卖呢？谢冰再次赶往日本，结果却发现，根津美术馆的拍卖品，是10多座我国清宫御藏的西洋钟，并没有佛首。而当谢冰提出要购买一个佛首的想法时，遭到了美术馆负责人的拒绝。

谢冰：“他说不行，天龙山石窟的造像艺术对于他们美术馆而言，是最重要的藏品。别的东西可以卖，这个他们没有计划转让。”

眼下只是时机没到，谢冰并没有泄气。转眼四年又过去了。这四年当中，谢冰无时无刻不惦记着天龙山佛头，从没放弃过让佛头回家的努力。他利用工作之便，和众多拍卖行、博物馆都建立了联系，请求他们，一旦有天龙山佛头进入市场，就立即通知他。事情在2008年8月27日这一天，突然出现了转机。谢冰收到了一份来自美国纽约拍卖行的传真，说9月17日举办的拍卖会上，将有一个天龙山佛头出现。

拍卖行传过来的资料上写明，这尊即将拍卖的佛首，很可能是天龙山第10窟西壁主尊佛首。

谢冰：“就像一个失散多年的孩子，我寻找了很多年，现在突然有消息了，说找到了，非常兴奋。”

谢冰立即将这个消息通知了许鹏。但放下电话，谢冰的心里突然有些不踏实，这个佛首肯定是天龙山的吗？想到这，谢冰决定拿着拍卖行传过来的照片，再上一次天龙山，到第10窟里寻找答案。

天龙山第10窟，坐落在天龙山西侧的山峰上，为北齐年间建造，洞窟坐北朝南，面积近11平方米。从照片上可以看到，在西壁的拱形大龛中，原本雕有一佛、两弟子、两菩萨，都已遭到破坏。此次参与拍卖的，就是这里的释迦牟尼佛首。谢冰在第10窟的西壁前仔细看了半天，知道仅凭自己的能力，无法甄别出这尊佛首的真伪，于是他赶回北京，找到了社会科学院研究员李裕群。

谢冰：“李裕群研究天龙山已经十几年了。”

李裕群看过拍卖行传过来的照片后，认为从法相、表情来看，这尊佛首与天龙山石窟造像风格

▲ 佛头左额有残缺

基本一致，像是第10窟西壁主尊佛首。但是当李裕群拿出自己以前翻拍的照片进行比对时，却发现两张照片有些不同，李裕群照片上的佛头左额部，有一处明显的残缺。

两张照片的对比，使谢冰心里凉了半截。如果李裕群照片上的佛头，确实是天龙山第10窟西壁上那个释迦牟尼的佛首，那么参与此次拍卖的佛头，就有问题了。或者修补过，或者就不是天龙山的佛首，甚至有可能就是一个仿制品。因而，当务之急，是尽快赶到纽约去查看实物。可是，由于时间仓促，李裕群的签证没有办下来，谢冰只好带着一个在收藏界颇有经验的朋友，前往美国。

一进入拍卖行的预展大厅，谢冰立马就看到了那尊高38厘米的释迦牟尼佛首。

谢冰：“第一眼看到佛首时，我内心的激动和情感，一般人是不能理解的。我们常说艺术品是有生命的，你能感受到它的生命力，能感受到它的美，它的一切，其实都是能感受到的。”

在惊叹于这尊佛首魅力的同时，谢冰也看到了，它的左前额非常完好，没有任何残缺痕迹，会不会是有人对这尊佛首进行过修补呢？谢冰赶忙请朋友帮助鉴别。

这位朋友告诉谢冰，佛首左前额部的颜色和石质，与整个佛首一模一样，不可能进行过修补。听朋友说得这么肯定，谢冰的心里却踏实不下来，如果没有修补，为什么和李裕群照片上的佛首有差别呢？

原来，这是山中定次郎最喜爱的一尊佛首，1941年，山中定次郎把它带到美国，打算卖一个高价。可是没想到，太平洋战争爆发了，美国政府在第一时间查封了大批日本在美国的资产，其中就包括山中商社的古董1638件。1943年，这些古董进行了公开拍卖，第378号拍品，正是这尊佛首。从当时的拍卖图册上，谢冰看到，佛头的左前额同样完好无损。难道说，李裕群的照片出错了？就在谢冰百思不得其解时，他突然在佛头的背面有了新发现。

谢冰：“这个佛像的背后有一道一道的石纹。”

这是天然形成的特殊纹理结构，犹如一个人身上的胎记一样，是无法模仿的。这发现意味着，如果被凿掉佛首的地方，也有同样特殊的石纹，那么这尊佛首的真实性，就确认无疑了。谢冰当即启程，返回了国内。

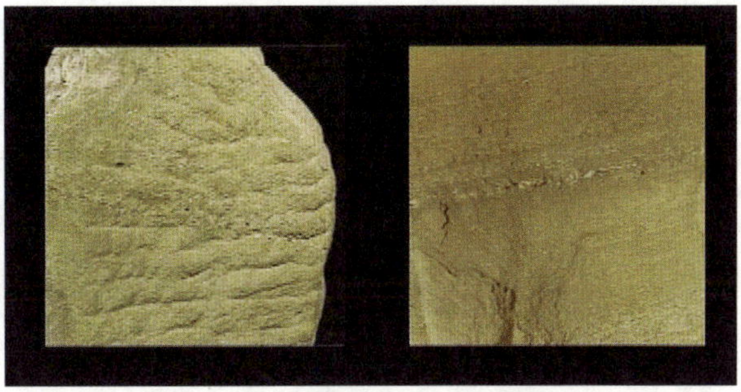

▲ 佛头和石壁处的纹理相吻合

20 多个小时后，谢冰和李裕群来到了天龙山。走进第 10 窟后，他们发现西侧石壁，原本佛首所在的地方，果然有一道道的石纹。

李裕群：“即使在天龙山取到同样材质的石头，它的纹理结构也有不同程度的差别。佛头的纹理结构跟石壁上的纹理结构正好吻合，这是确凿无疑的铁证。”

那么为什么李裕群的照片上会有一处残缺呢？他分析有两种可能：一，这张照片本身就是假的；二，经过多次翻拍，出现了误差。不管什么原因，佛头的真伪有了定论。接下来就是参加拍卖会，将这尊佛头竞拍到手。可是，这个佛头到底会卖多少钱呢？

拍卖公司给这尊释迦牟尼佛首定的起拍价为 20 万美元。但谢冰知道，成交价格肯定要比这高很多。2007 年拍卖一个类似的佛像时，竟卖到了 200 多万美元。因而，能否顺利将这尊佛首买回来，还是个未知数。

2008 年 9 月 14 日，距拍卖会还有三天，谢冰赶到了纽约，许鹏则留在了太原，拍卖会当天，他会以电话委托的形式参与竞拍。此时的谢冰心里非常清楚，这也许是未来几十年里，中国迎回天龙山佛首的最好机会。但他也明白，在拍卖会上，要靠资金实力说话，任何事情都可能发生。

谢冰：“这时候我就有点担心了，这么精美的佛头，会不会突然有几个大买家进来，这样价格就不可预测、不可控了。”

让谢冰意想不到的是，10 几个小时之后，他的担心就减轻了很多。

谢冰：“9 月 15 日，雷曼兄弟银行倒闭，美林证券被收购，华尔街股市连续三天暴跌。整个经济市场遭遇了巨大寒流。”

无疑，这场经济寒流，肯定会对投资收藏艺术品的市场造成一定冲击，特别对那些欧美藏家，可能影响更大。

谢冰：“当时我们也怀着侥幸的心理认为，欧美的藏家是否就不参加这次拍卖会了。”

如果那些财大气粗的欧美藏家，真的不来参加此次拍卖会，这无疑为迎回佛头扫清了极大的障碍。但是 9 月 17 日这一天，谢冰一走进拍卖会现场，就发现欧美的大经纪人，著名藏家几乎全部到场，这让谢冰的心又提了起来。

下午 5 点，主持人宣布，第 570 号拍品，天龙山佛头开始竞拍，一听这话，谢冰知道，八年的努力，就差这最后一步了，他的心也吊到了嗓子眼。

虽然参与竞拍的只有八九个人，但竞争异常激烈，每一个新价位报出后，不到两秒钟，就被更高的价位淹没。谢冰略感放心的是，艾斯凯纳齐还没出手，难道他真的不打算竞买这尊佛首，还是在等待一个最适当的时机呢？价位很快突破了 40 万美元，参与竞拍的，也只剩下包括许鹏在内的三个电话委托，和一名坐在现场的美国人。46 万、48 万、50 万，价格不断递增。就在这时，谢冰突然发现，价位突破 50 万美元后，其他竞拍者的报价开始犹豫了，甚至停顿。这让他感到几分欣喜，也许 50 万美元的价格，已经触到了其他竞拍者的心理底线。

谢冰：“他们出钱，就是买一件石佛造像的艺术品，用对艺术品的估价投标，进行价位的盘算。我们考虑的不仅是一件艺术品，因为这件佛头的背后，有一个故事，有一段苦难的经历，而且对整个天龙山来说，它是一个代表。”

果然，价位达到 56 万美元后，几名电话委托者相继退出，与许鹏竞拍的，只剩下那名美国人了。

价格迅速飙升到了 60 万美元，参与竞拍的美国人，依然淡定自若，不断喊出新的价位。而远在太原的许鹏，通过电话委托，步步紧逼。62 万、64 万、66 万，此时的谢冰非常紧张，因为他不知道，许鹏的心理价位是多少，80

万、100 万，或者是 120 万？但他清楚，价格越高，就对许鹏越不利，迎回天龙山佛首的可能性也就越小。美国人再次把价格升到了 68 万，可许鹏却没有按照常理，把价格提高 2 万，而是一下子加了 4 万，喊出 72 万美元。这无疑打乱了那名美国人竞拍的节奏，他犹豫了起来，以至于主持人连续重复三遍价格，他都没有再举手加价。落槌了，这也许是谢冰听过的最美好的声音，8 年的努力终于有了结果。

谢冰：“那时我的眼睛有点湿润，这么多年的努力，终于有了结果，佛首终于被我们迎回来了。”

2008 年 10 月 6 日，拍卖行将这尊天龙山释迦牟尼佛首从纽约运到了中国香港。国宝的回归，让谢冰和李裕群等人兴奋不已。

李裕群：“当然非常激动，因为国宝级的佛头，终于回家了，回到了祖国。”

在颠沛流离了 80 多年后，这尊天龙山释迦牟尼佛首，终于回到祖国的怀抱，回到它的诞生地——天龙山。

▲ 青州佛像

一次极普通的施工，带来一惊世发现：400余尊残破佛像同藏于一大小50余平方米，深度不到3米的窖坑内，其数量之多、年代跨度之久实为罕见，且其中不少堪称艺术精品。这些精美的佛像到底是如何被毁？又是谁将它们收集埋葬？究竟是出于什么目的？

青州佛像

1996年10月的一天，山东省青州市一所学校正在为修建操场紧张地施工。突然，一直轰鸣的推土机似乎感到有些异样。当工人们走到车前扒开浮土，现场的人们都大吃一惊……青州佛像窖藏就随着这次偶然的发现被开启了。

一、窖藏众佛，残破不全

抢救性的考古挖掘工作随之迅速展开。考古人员采用局部发掘的方式整整工作了七天七夜，覆盖着泥土的佛像逐渐显露出它们本来的面貌。

在进行完修复和拼对之后，佛像的总数已达到400余尊。一个面积只有50余平方米，深度不到3米的窖藏坑内为什么会埋藏着数量如此之多的佛像？且许多佛像在经过艰难的修复比对之后，仍然无法完整地再现原貌。它们原本就是一些残缺的肢体？或是一些没有身体的佛头？这一现象表明：它们曾被人为砸碎。

在经过专家从题材和雕刻技法上进行的技术手段判定，得出结论：这批佛教造像绝大多数完成于5—6世纪的南北朝时期。

▲ 青州窖藏中发现的大批佛像

▲ 许多佛像在经过修复后仍无法再现原貌

二、不同时代，特色不一

北魏建国后，政教（佛教）逐步合一。当时北魏的统治阶层积极倡导佛教传播推广，巨大的石窟佛像因此得以在这时开始大规模兴建，而这一风潮也同样出现在青州，现在青州市附近还保留着几处6—7世纪建造的佛教石窟。此外，当时还建造了相当数量的寺院庙宇以及塑造了庙宇中供奉着的众多佛像和菩萨。如在此次窖藏出土之前，青州及其周围地区就已经陆续出土了一些佛教造像，目前总数已有1000多件。这些佛像与窖藏出土佛像所处的时代大致相同。这不仅可以肯定当时青州地区的佛像雕刻技法已经达到了相当高的水平，而且更加有力地证明当时的青州不只是一个佛教中心，还是一个佛像制作的中心。

另从出土佛像的塑造工艺及形制特征看：青州北魏晚期的佛像大多是带

▲ 龙的图像出现在了佛像的底座上

▲ 青州佛教造像中年代最早的是北魏晚期的作品

▲ 造像的主体大多由三尊佛像组成

有背屏的造像，这是最早从中亚传入中国的造像样式之一。这一时期造像的主体大多由三尊佛像组成，两旁是胁侍主佛的菩萨，中间是被供奉的主佛，主佛的形象主要是释迦牟尼。佛祖与菩萨身下的基座往往被姿态各异的荷莲连接成一个整体。与众不同的是，中国的古老图腾——龙的形象也出现在佛像的底座上，这在中国其他地区出土的佛像上还从未见过。

三武一宗灭佛事件：佛教从两汉时期传入我国，2000多年间，四次面临灭顶之灾。“三武”是北魏太武帝、北周武帝、唐武宗，“一宗”是后周世宗。这四次灭佛事件，是中国历史上最高统治者亲自发动的破坏佛教和整顿佛教的活动，但佛教每次经历“法难”后都能在中华大地上顽强复苏，可见佛教文化已在中国文化的土壤之中扎下深深的根，成为中国文化不可或缺的一部分。

在北魏至东魏时期的造像中，佛像身后的背屏用来表现佛祖身上闪耀的佛光，这是佛教世界里众神不同于凡人的一个重要标志。背屏也成为一个表现佛教世界的载体，在许多背屏的上部都用浮雕手法精细地刻画出一组飞天的形象。这一时期的佛像大多身材单薄、肩部低垂，是典型的中国汉人的体态。其中，佛像面部的颧骨微微突出，是中国传统文化中智者的形象。这样的造像风格被称为秀骨清像，深受汉族士大夫阶层传统审美情趣的影响，它首先在南方的汉族王朝兴起，很快就波及北方。佛像在服饰上的风格也来自南方汉族王朝的影响，从印度远道而来的佛只是到了中国后才穿起这种宽衣大袖、褒衣博带的长衫，这是典型的汉族传统服装。这一佛像上的汉化风格是当时北方草原民族建立的王朝普遍汉化倾向的一个缩影。

敦煌飞天： 飞天多画在墓室壁画中，象征着墓室主人的灵魂能羽化升天。从艺术形象上说，敦煌飞天是多种文化的复合体，是印度文化、西域文化、中原文化共同孕育而成的。它是艺术家最天才的创作，是世界美术史上的一个奇迹。

到了6世纪中后期的北齐。这一时期的佛教造像上，新的造像风格完全取代了早前秀骨清像的造像特征，早期从印度传入的艺术风格再次成为主流。如在青州地区出土的北齐时代的石刻拓片上，可以清晰地看出当时胡人已经广泛地进入到青州地区进行经济和文化活动，佛教造像上明显地带着与异域交流的痕迹。就像文献中所载的“曹衣出水”样式，它们或是采用凸棱的方式刻出衣纹，好像打湿的衣衫紧贴身体；或是身上没有任何皱褶，肌肤的轮廓充分显现着人体的优美。此外，北齐时期单体的菩萨造像在雕刻风格上却表现出极为繁复、细腻和华丽的风格，如思维菩萨像是造像

▲ 在许多背屏上都精细刻画有飞天的形象

▲ 北齐时期的石刻拓品

▲ 思维菩萨像是造像中较特殊的一种

中较为特殊的一种：它表现的是释迦牟尼在菩提树下进入冥想而最终大彻大悟的故事。优美的姿态，残留的贴金彩绘和残缺的左臂引起人们无限的遐想，而神秘的笑意在婴孩一般天真的面庞中微微流露，仿佛在冥想中已顿悟佛的真谛。

三、现象古怪，多方推测

面对数量如此众多的塑工精美但残缺不全的佛像，人们不禁要问：是谁毁掉了这些艺术珍品？为什么要毁掉它们？又是谁将它们收集集中、深埋地下？为什么要举行这么一次有计划的、精心安排的掩埋行动？的确，这是一个十分古怪的现象。不仅使常人百思不得其解，就连资深的专家们也只能假设、推测。

其一，人们认为和南北朝及晚唐五代时期多次大规模的灭佛行动有关联，这些佛像是在这期间被毁的。因为在一些佛像上可以清晰地看到火烧过的痕迹和修复的痕迹，故一些专家认为很可能这些佛像在历次毁佛灭法运动中被砸毁，又在此后随着佛教的重新兴盛而被修复。但是经鉴定，在窖藏出土的众多造像中有几尊为北宋时期的佛像，其中的一尊佛像上还发现了“北宋天圣四年（1026）”的字样，这一时间距离南北朝时期的最后一次灭佛运动已过去了近500年。

因此，关于佛像毁于灭佛运动并在此后被埋葬的假设就不能成立。

其二，部分专家认为佛像被毁与北宋末年的金兵南侵有关。根据文献记载，金兵在这一时间段内多次攻打青州城，其中有5次攻进城中，有4次攻城未克而退走。而当时交战的主战场就在发现窖藏这一带，因此，这部分专家认为佛像是在宋金交战中被毁的。

然而，青州佛像是否毁于金人南侵至今仍是一个值得争议的问题，另一些专家又从不同角度对这个猜测提出了质疑。

▲ 北齐时期的造像

▲ 青州的佛像雕刻当时已经达到一个很高的水平

▲ 龙兴寺窖藏佛像

▲ 龙兴寺遗址出土的佛像

▲ 佛像

四、碑铭泄密，真相大白

如果这些佛像的掩埋既不是源于历史上的数次毁佛运动，又不是因为金人南侵，那会是什么原因让它们在泥土的隐埋中沉睡了这么漫长的时间呢？这时，考古学家的目光被青州附近出土的一块石碑深深地吸引住了，因为碑铭为人们揭开青州佛像之谜提供了重要的线索。

▲ 在龙兴寺出土的石碑

专家们通过这个线索得知：在北宋年间，青州地区的寺院盛行着一种隆重的法会，寺院的僧人将早年在各种灭法活动中损坏的佛像或者经年累月破旧的佛像集中起来，然后举行隆重的仪式，将它们埋葬起来，以积累功德。这足以说明为什么在人们发现的窖藏中，以曾经发生过灭法运动的南北朝时期佛像居多，而隋唐到北宋的佛像却十分少见了。

克孜尔石窟在库车地区为数众多的佛教石窟中，规模最大，保存也相对完好。画家韩乐然发现：现存的石窟壁画，在风格和技法上存在着明显的不同。

克孜尔石窟：位于新疆拜城县克孜尔明屋塔格山上的中国佛教石窟，是龟兹石窟艺术的发祥地之一。它是我国开凿最早、地理位置最西的大型石窟群。大约开凿于3世纪，8—9世纪逐渐停建，延续时间长达700年。克孜尔石窟洞窟形制有僧房和佛殿两种。

石窟禅影

克孜尔石窟在库车地区为数众多的佛教石窟中，规模最大，保存也相对完好。画家韩乐然发现：现存的石窟壁画，在风格和技法上存在着明显的不同。

1947年4月19日，一群年轻的美术工作者，来到新疆库车克孜尔石窟所在的山谷。为首的画家名叫韩乐然，这是他第二次来到这里，此行的目的是进一步考察克孜尔石窟的佛教壁画。

▲ 韩乐然画像

以库车为中心的古代龟兹国曾经盛行佛教，唐朝僧人玄奘在《大唐西域记》里详细记载了当年龟兹佛教的兴盛。然而，令人不解的是，他却丝毫没有提及遍布龟兹的佛教石窟。直到清朝，克孜尔石窟才偶尔出现在一些文人游记之中。

这些石窟是什么时候兴建的，又是如何被荒废的呢？

一、犍陀罗风格

犍陀罗： 犍陀罗国的领域经常变迁，公元前4世纪时，它的都城在布色羯逻伐底；1世纪时，版图扩张至喀布尔河一带。公元前3—前5世纪，佛教盛行，阿育王曾派遣布教师到此布教。犍陀罗艺术兼有希腊和印度的风格。佉卢文是仅用于犍陀罗地区的地方性文字。犍陀罗雕刻艺术影响深远，云冈石窟就带有犍陀罗刚硬的风格。

在接下来的两个月里，韩乐然对克孜尔石窟的壁画进行了记录、拍照、编号和临摹。

韩乐然发现，现存的石窟壁画，在风格和技法上存在明显的不同。很显然，这是不同历史时期留下的印记。

无独有偶，早于韩乐然来到克孜尔的德国探险家勒柯克和格伦威德尔等人也注意到了这一问题。

1906年，德国人发现克孜尔石窟里尚存的塑像，带有明显的希腊风格：这些塑像造型细腻生动，衣服的线条优美流畅，希腊的艺术风格为何屡屡出现在远离欧洲的中国新疆地区的壁画上呢？

▲ 当年德国探险家拍摄的克孜尔石窟照片

公元前4世纪中期，希腊马其顿国王亚历山大远征亚洲，取得了辉煌的军事胜利。亚历山大死后，他的部下在今天的阿富汗与印度相邻的犍陀罗地区建立了一个希腊化的王国。

当时的希腊人信仰天神宙斯和奥林匹亚山上的众神，他们创作了大量精美的雕像和绘画作品，生动地刻画出心目中众神的形象。

▲ 从形象到服饰都受到希腊神像影响的早期佛像

当时，早期的佛教也在犍陀罗地区广泛流传。但与希腊人不同，当时的佛教徒并没有塑造出佛的具体形象。相传佛祖释迦牟尼在菩提树下悟道成佛，早期的佛教徒所崇拜的对象，仅仅是菩提树一类与佛祖有关的物体。

随着时间的推移，希腊人偶像崇拜的习俗慢慢影响了早期的佛教徒。

有一尊用片岩雕塑的早期佛像，它的年代为2世纪左右。佛像的发髻像希腊神像那样波浪般地卷曲着，袈裟的纹路起伏也非常接近于希腊人的披袍式样，佛像眼睛微闭，鼻梁高耸，表情庄严肃穆。

显然，这些早期佛像借鉴了希腊神话中的众神形象，它们是印度佛教和希腊艺术逐渐融合的产物，这种早期佛教艺术风格最早在犍陀罗地区出现，因此被称为犍陀罗佛教艺术。

▲ 克孜尔石窟壁画天相图中的太阳神

在早期的克孜尔石窟壁画中，犍陀罗风格的影响非常直接，例如在克孜尔石窟顶的天相图中，太阳神穿着轻盈的长衫，架着马拉车，这种形象的来源完全出自古希腊神话中太阳神阿波罗的形象。

第118窟壁画的色彩偏向褐色，画中的佛像拥有通额的鼻梁，眼窝深陷，面部五官布局疏朗，人物造型丰满，画家运用凹凸技法表现出立体感，所有这些都体现出典型的犍陀罗风格。

第92窟中的壁画同样深受犍陀罗风格的影响。壁画中的佛像面部较长，鼻梁高挺，嘴唇上留有小胡子，头发卷曲垂肩。衣服线条曲折优美，与希腊人的披袍十分接近。人物的四肢比较粗壮，尤其是脚部显得十分肥大。

德国人把这种受犍陀罗风格影响的画法称为第一种画风。

在德国人看来，随着时间的流逝，克孜尔的绘画和雕塑风格在不断发生着变化，具有龟兹当地特征的第二种画风逐渐出现了。

二、龟兹风格

壁画中的人物，面部五官开始显得紧凑而集中，额头像当时的龟兹人那样向后变得扁平。龟兹画家热衷于用夸张的手法来表现四肢的细节，例如人物的双手，手指的第一节显得肥厚粗壮，然后向指尖逐渐变细，人体和四肢也变得修长匀称。壁画色彩以蓝色和红色较为常见，尤其是壁画的底色，一般都采用蓝色、红色和绿色这些比较强烈的色彩。而以明亮的肉色，用晕染法来描绘人物，立体感十分厚重。人们将这种画法称为龟兹风格，也就是德国人认为的第二种风格。

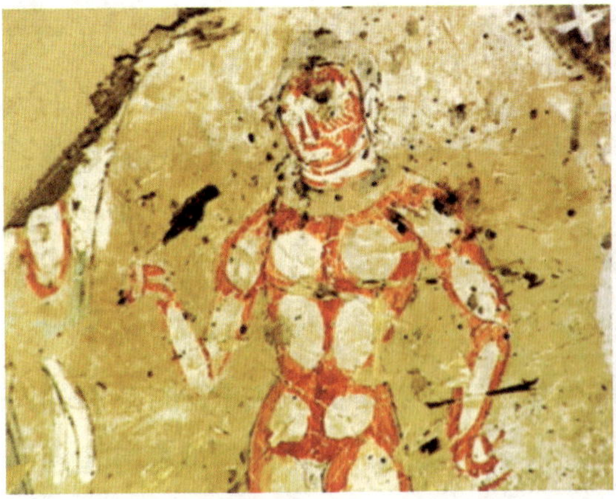

▲ 具有龟兹风格的壁画

长久以来，龟兹古国是什么人在什么时候建立的？这个谜一直没有人知道答案。今天，除了一些晦涩难解的文字残片，最重要的线索恐怕就是曾经遍布的佛教石窟了。

在昏暗的洞窟里，借助手中的灯光，勒柯克和格伦威德尔第一次看清了这些壁画。他们既兴奋又震惊，如果能够知晓这些石窟的来龙去脉，也许就能破解龟兹古老而神秘的历史。德国人觉得他们找到了一把破译的钥匙——壁画。

根据对克孜尔石窟壁画的研究，德国学者认为，第一种画风受犍陀罗风格的影响，出现的年代应该较早，第二种画风明显带有龟兹本地的风格，是由第一种画风发展演变而来的。因此，受犍陀罗风格影响的早晚，决定了壁画所在石窟建造的先后。由此，德国人认为，克孜尔石窟的开凿和作画时代开始于 5—6 世纪。

韩乐然并不同意德国人的观点，通过对壁画风格的研究，他认为克孜尔最早的开凿和作画时间可以上推到公元前后。

两者之间几乎相差 500 年。

这个新的发现鼓舞着韩乐然，他决定回兰州暂时休整，为进一步考察作更充分的准备。

6 天之后，韩乐然带着大量的研究资料离开了克孜尔。然而谁也没有想到，这竟成了他与克孜尔的诀别——1947 年 7 月 30 日，韩乐然乘坐的飞机在甘肃嘉峪关失事，风华正茂的画家和珍贵的研究资料都毁于这场突然降临的灾难中。

荒凉的明屋塔格山谷又恢复了往日的宁静，克孜尔石窟修建年代的秘密依然深藏在呼啸的山风和寂寞的落日之中。

时间到了 1979 年 9 月，这片寂寞的山谷再次迎来一群学者，他们会有新的发现吗?

三、龟兹式石窟

在北京大学历史系教授宿白的带领下，北大石窟考古实习组的研究生们对克孜尔石窟进行了全面的考察研究。

他们在这里工作了整整两个月，当年困惑过韩乐然的问题同样困惑着他们：克孜尔石窟究竟是什么时候开始修建的呢?

要回答这个问题，仅以壁画和石像的风格作为依据太过于简单。他们要用考古学的方法，掌握全面的材料。

考古学研究的重点并不局限于壁画，残破的石窟建筑引起学者们极大的兴趣。

专家们第一步的工作是绘制全部洞窟的平面图。

克孜尔石窟分为4个区，他们把200多个洞窟都绘制了平面图，结果发现洞窟的种类很多。

涅槃：指清凉寂静，恼烦不现，众苦永寂。具有不生不灭、不垢不净、不增不减，远离一异、生灭、常断、俱不俱等的中道体性意义，也就是成佛。佛教认为，轮回是一个必然过程，人死去以后，经过一些过程才进入另一个刚刚出生的生命体内，只有到达涅槃的境界方可摆脱轮回。

克孜尔石窟有编号的洞窟共269个，分布为谷西、谷东、谷内和后山4个区域，其中有三分之一的洞窟保存有壁画。

在这些洞窟中，最引人瞩目的是供教徒礼拜的中心柱式石窟。石窟主室中央有一根巨大的柱子，正面的佛龛通常供奉有佛祖释迦牟尼的塑像。佛龛两侧各是甬道，甬道通向光线昏暗的后室，后室展现给人们的就是佛祖涅槃的卧像或画像。

像这样的中心柱石窟几乎只在古代龟兹地区出现，因此这类石窟也被称为龟兹式石窟。

▲ 中心柱石窟

▲ 大佛像窟

在克孜尔众多的中心柱式石窟中，最壮观的要数大佛像窟，这一类石窟共有7座。在主室中心柱的位置上，都有一尊巨大的站立佛像。根据第47窟的遗存判断，这里曾经立有一尊高达16米的佛祖站像。佛像被固定在主室中央巨大的中心柱上，中心柱的后面是同样巨大的后室，在宽大的涅槃台上塑有佛祖涅槃的卧像。今天，这些宏伟的佛像早已不复存在，只剩下当年用于固定大佛像的柱子留下一个个空洞（专家们称这些空洞为柱洞），任凭人们去想象当年的盛况。

第3窟是一个方形的石窟，主室中间没有中心柱，取而代之的是小型的佛坛，这种类型的石窟被形象地称为方形窟。方形窟通常被用作高僧讲经弘法的场所，在克孜尔已经发现90座。

除中心柱窟和方形窟，其余的石窟并没有壁画，类似的石窟在克孜尔的数量最多。那么，没有壁画的这类石窟又是用来做什么的呢？

僧房窟就是僧人居住的房子，它是没有壁画的。

经验丰富的宿白教授发现，在一些石窟的外立面上，有一些排列整齐的柱洞和凿痕，尤其是第38、39、40窟最为明显。

这些奇怪的柱洞是用来做什么的呢？

专家介绍：从平面上看，它们是3个洞窟，但实际上是一个组合。第38窟是中心柱窟，第39窟是方形窟，第40窟是僧房窟，这3个窟并不一样，怎么知道它们是一个组合呢？在这些窟的外立面搭成一个大的木头排子，这个木头排要有短梁来支撑，现在木排已经不存在了，但从它上面留下的这些安装短梁的柱洞，就知道是一个组合了。

▲ 宿白教授接受采访

经过实地观察，北大的学者们还发现了一些古代楼梯的遗迹，这些楼梯是当年居住在这里的僧人为

▲ 组合石窟

方便上下石窟而修建的。以第96窟至105窟为例，楼梯从第96窟上去，穿过甬道，又从第105窟下来，这种情况暗示着这一排石窟很可能就是一个组合。他们在克孜尔发现7组较为完整的组合石窟。

那么，这些组合石窟的用途又是什么呢？

专家介绍：这个组合实际上就是一个寺院，或者说是一个寺院的一部分。据文献记载，当时龟兹的僧人要经常换寺院，他不是常在一个寺庙里待着的。

组合石窟寺院为人们提供了一个新的思路，通过这些组合石窟，也许就能解开克孜尔石窟修建时间的谜团。

四、谜团初解

克孜尔石窟果真是像德国学者认为的那样，始建于5—6世纪吗？

宿白教授很快就发现了疑点：在克孜尔众多的石窟中，7座大佛像窟显得与众不同。首先在建筑式样上，早期的大佛像窟大多有高大宽敞的后室。但到了晚期，大佛像窟的后室变得越来越简单。这让宿白教授想起了阿富汗的巴米扬大佛。作为举世闻名的佛教名胜，巴米扬大佛的修建年代大约在6世纪。克孜尔大佛像窟晚期的后室建筑式样与巴米扬大佛十分相近，由此可以推测，早期的克孜尔大佛像窟的修建年代应该远远

巴米扬大佛： 世界上第三高的大佛（第一大佛为四川省乐山大佛，佛像高71米；第二大佛为山西省蒙山大佛，佛像高63米），始建于3—5世纪，距今已有1500多年。中国佛教僧人玄奘曾经到过巴米扬，并在《大唐西域记》中有所描述。2001年3月12日，大佛被炸毁。

早于6世纪。

经进一步研究发现，克孜尔有些石窟是经过改造的。

专家介绍：第172窟是一个中心柱式窟，它是由一个僧房窟改建而成的。从克孜尔石窟已经发现的改建痕迹来看，往往是把僧房窟改造为中心柱窟，根据这种改建规律可以推测，拥有较多僧房窟的石窟组合寺院修建的年代较早。

▲ 阿富汗巴米扬大佛

随着研究的深入，学者们又发现一些石窟的壁画存在重叠的现象。如第47窟甬道上绘有精美的千佛，在这里人们发现了被覆盖在千佛壁画下面的壁画，下面的壁画带有明显的犍陀罗艺术风格。覆盖它的壁画是土红色的坐佛，显然，画有千佛壁画的石窟年代较晚，而带有犍陀罗风格壁画石窟的年代较早。

经过综合对比研究，克孜尔石窟的历史脉络变得逐渐清晰了。

但是，仅凭这些仍然不能最终判定石窟最早修建的年代，答案的揭晓还要借助于碳-14测定。

▲ 现代科学手段逐步揭开了隐藏在这些壁画后面的秘密

根据碳-14测定的结果，学者们发现最早的洞窟年代为265年，数值的误差为正负90年。这个结果和德国人的观点大相径庭，而且在两种画风出现时间早晚的顺序上也出现了不符。

克孜尔第8窟是一座保存相对较好的中心柱式石窟，这里的壁画属于典型的龟兹风格，碳-14测定

▲ 坐落在寂静山谷中的克孜尔石窟群

的结果显示它的建造年代为6世纪左右。

离第8窟不远的第38窟同样是一座中心柱窟，壁画保存情况同样较好。它的艺术风格应该也属于第二种龟兹画风。但经碳-14的测定结果却显示，它的建造年代是4世纪左右。尽管画风相同，但碳-14测定的结果却截然不同。在200多年的时间里，怎么可能出现如此接近的艺术风格呢？

这样一来，第38窟的修建年代在一些学者眼中就成了疑问。

不过，今天的人们大多接受了宿白教授的观点，克孜尔最早的石窟始建于4世纪左右。

但争论并没有停止，克孜尔石窟的修建年代仍然是一个尚未完全解决的疑团。

为修建这些壮观精美的石窟，当年的人们不知花费了怎样巨大的代价和心血，支撑他们的正是这强烈的佛教信念。

它位于浙江省中西部的龙游县，是建造在小小洞口下面的地下洞穴。它们组成了目前发现的全世界最大的人工地下建筑群——龙游石窟群。

龙游县： 位于浙江省中西部，金衢盆地中部，是浙江省历史上最早建县的13个县之一，是浙江东、中部地区连接江西、安徽和福建三省的重要交通枢纽，一直以来就有“四省通衢汇龙游”之称。龙游县土地资源充沛，享有“中国竹子之乡”的美誉。

沉默的石窟

它们是由一凿一斧人工开石而成的古代石制建筑，在石窟墙壁、顶面、柱子上全凿刻着纹理匀称、排布工整的花纹。石刻花纹规则有序，该平则平，该弧则弧，犹如出自一人之手，又似机械加工一般，具有极强的装饰美化作用。在石窟西侧有一个预留的坡道，这个坡道是通向洞口的唯一通道，坡道自石窟洞口向下，陡坡约按36度向下伸展，直至洞底，斜而甚陡。在1号石窟北面石壁上方还有一组岩画，内容为马、鸟、鱼，成不规则排列。

古人为我们留下了伟大的工程，同时也给我们留下了无数谜团。十余年来，各种疑问和猜测从未间断。石窟中的陡坡，花纹是干什么用的？巨大的石窟要用多少人工，要用多长时间才能建成？采石、穴居、仓库、陵墓，石窟用途为何？ 21世纪，石窟仍然保持着被发掘前的沉默，有关它的详细记载全部沉没在历史长河之中。

一、石窟惊现龙游

那是在1992年6月12日，中国浙江省的一个普通村民吴阿奶在探宝时无意中揭开了这个埋藏许久的秘密。

▲ 龙游石窟内蕴涵着神秘的气息

龙游县位于浙江省中西部，地处金衢盆地。从空中俯视，一条衢江环绕而过龙游县，视野开阔，颇有神往飘逸的感觉。龙游县东西宽约29千米，南北长约61千米，面积1138平方千米，人口约39万。与龙游县城隔水相望，有一座凤凰山。凤凰山只是个山丘，海拔69米。背山面水，安逸宁静。到20世纪50年代前，凤凰山一直无人居住，保持着宁静和神秘。在凤凰山上还有许多不为人知的水潭也一直在静静地沉睡。

20世纪50年代，一场特大的洪水，袭击了山下的村庄，村民们被迫移居山上，这才有了凤凰山上这个叫作石岩背的村庄。40多年来，村里人过着宁静的日子。山上原有的水潭，成为村民们唯一的生活水源。

这些方形水潭大小相仿。水潭水质很好，取之不尽，用之不竭。几十年来，村民们在水潭边洗衣做饭，然而他们没想到就在他们脚下隐藏着巨大的秘密。有好奇者曾经试探过水潭深浅，由于个个深不可测，好奇者也就停止了对水潭的探索，就这样龙游石窟的秘密一直保留到1992年6月。而这些水潭便被村民们称为“无底潭”。此后因传说有一块玉石掉入“无底潭”才让石岩背村的吴阿奶等人下决心抽干潭中之水。

吴阿奶组织了另外三人于1992年6月9日正式开始抽水，一直抽了4天4夜，水位降下去三分之一左右，下面的洞面积越来越大，露出了4根石柱。沉睡多年，龙游石窟终于被惊醒了，容颜初现，让发现者既惊又怕。吴阿奶回忆说："我们3个人一看，看了下面的面积越来越大，三个人有一点怕，怕抽不干，因为面积相当大，抽不干我们资金就白投了。后来经过4个人协商，下决心再抽，后来4台机器抽了17个昼夜，结果把它抽干了。"就在这些农民的坚持之下，水落洞出了，一个神秘的世界展现在世人面前。村民惊呆了，怎么也不敢相信，他们发现了一个宏大的古代人工石窟。因地处龙游，该石窟被称为龙游石窟。消息极快地飞向四方。龙游石窟的发现引起了世人的关注，人潮从四面八方涌来。疑问也随之而起。

▲ 龙游石窟内的石柱

二、未解之谜重重

围绕这一震惊世界的发现，人们提出了种种疑问，重重猜测。疑问此起彼伏，猜测难有定论。

未解疑问之一：建造龙游石窟需要动用多少人力，花费多少时间？

龙游石窟是目前发现的全世界最大的人工地下建筑群，其单体面积达到1200平方米，数量之多仅凤凰山就发现20余座。龙游石窟群均是建造在小小洞口下面的地下洞穴。5个石窟中，2个大的，面积一共4000余平方米。3个小的，面积一共近2000平方米，石窟高30米。5窟需开挖废石18万立方米。推测凤凰山已经发现的石窟24座，共需开挖86万立方米。建造龙游石窟需要动用多少人力，需要多少时间，在龙游石窟没有找到有关记载。

可我们知道，其他巨大工程的用人费时情况，比如长城——地上建筑，是用砖土夯堆而成的，修建长城的时间堪称是"上下两千年"。修筑长城动用

▲ 龙游石窟：龙游石窟5个窟的总面积达到近6000平方米

的劳动力数量也十分可观，据历史文献记载，秦朝修长城除动用30万～50万军队外，还征用民夫四五十万人，多时达到150万人。北齐为修长城一次征发民夫180万人。而以明朝修筑的长城估算，需用砖石5000万立方米，土方一亿五千万立方米。又如秦始皇兵马俑，我国古代大型地下建筑。这个被誉为“世界第八奇迹”的秦陵兵马俑，至今尚未统计出关于它的用工时间和用人数量。龙游石窟人工地下建筑群，石窟数量达到30个以上，如此规模的地下建筑，仅次于我国古代大型地下建筑秦始皇兵马俑。兵马俑位于中国西安省临潼区东5千米的下河村，是地下夯土建筑结构，第1号兵马俑坑东西长230米，南北宽62米，深近5米，总面积14260平方米。2号坑，面积6000平方米，3号坑面积约520平方米。而同样由一凿一斧人工开石而成的古代石制建筑古埃及吉萨的10座金字塔，耸立在尼罗河两岸的沙漠之上。金字塔如此高大，使人们很容易相信它们是传说中神或巨人所建造的。3座最大、保存最完好的金字塔是由胡夫、海夫拉和门卡乌拉3位法老在4000多年前建造的。在这3座大金字塔中最大的是胡夫金字塔。它是一座几乎实心的巨石体，用200多万块巨石砌成。关于它的建成所需要的时间至今仍是未解之谜，普遍认同的说法是，建成一座金字塔的工程可能要花费30多年的时间。

胡夫金字塔： 位于埃及境内的金字塔群中，塔高146.5米，因年久风化，顶端剥落10米，现高136.5米。塔身用230万块石料堆砌而成，塔的总重量约为684万吨，它的规模是埃及迄今发现的108座金字塔中最大的。被喻为“世界古代八大奇迹”之一。

可我们仍无法推测建造龙游石窟需要动用多少人力，多少时间。龙游石窟群均是建造在小小洞口下面的地下洞穴。5 个石窟中，2 个大的，面积一共 4000 余平方米。3 个小的，面积一共近 2000 平方米，石窟高 30 米。5 个石窟需开挖废石 18 万立方米。凤凰山已经发现石窟 24 座，面积是 5 个石窟的 4.8 倍，推测总共须开挖 86 万立方米。据专家推测，矩形入口按 4×5 米计，可容 3、4 个挖凿面，挖深几米后可再增加。出口只一处，初搬时距离近，10 米以下距离加长加陡，劳动强度增大，劳动力也同比增加。几千精壮劳力轮换施工，一锤锤、一凿凿挖下 86 万立方米石块，又一筐筐、一担担日日夜夜从窟底搬抬。绝非几年时间可以完成。尤其是开在石窟顶部的狭小洞口使人员进出和物品搬运都极为困难，加大了施工难度。也使工程量的推算难上加难。

未解疑问之二：预留坡道的用途是什么？

在石窟西侧有一个预留的坡道，高大的阶差使人望而却步。它是干什么用的？是供人行走？还是运送石料？ 10 几万立方米的石料是从这个坡道上运出的吗？

细看坡道自石窟洞口向下，陡坡约按 36 度向下伸展，直至洞底。斜面甚陡。坡道呈凹曲状，陡坡平、斜相间。这个坡道是通向洞口的唯一通道。说到半米高的坡道台阶，竟与金字塔石块的高度十分相似。金字塔由大约 60 厘米高的石块堆砌而成，当人们攀登金字塔时需要吃力的抬高腿脚。同为古代石制建筑为什么出现同样的阶差尺寸，不知是巧合还是必然。我们知道，北京猿人是公认的古代人类，依据复原的北京猿人模型测量，古人类的身体情况同现代人一样，下肢约 50 厘米高度。可龙游石窟的坡道是干什么用的？为什么不做成 20 厘米的正常台阶？

龙游石窟的地下材料，长 60 厘米，宽 40 厘米，高 20 厘米，重量是 60 千克。龙游石窟的坡道是运送石料的吗？现代的工人曾选择了陡坡中最缓的部分，尝试着在坡道上搬运石块，仍然十分吃力。然而无论是采石场的石料，还是通过龙游石窟开采痕迹中推测的石块尺寸，都要比这实验石块大几倍。坡道真是用于搬运石料的吗？相关疑问还来自 4 号洞的一块石料。这是古人遗留下的并不完整的石料，重240千克。无法想象是怎样从坡道上将它运出的。更大的疑问在坡道的最上端，陡坡最上层的台阶像个大平台，距洞口高达4米，在这里根本无法行走或搬运石料。龙游石窟的坡道究竟是怎么用的呢？

在尚未搞明古人为何建造高阶差坡道的原因时，在5号洞又发现了古人在坡道上铺垫石块形成的台阶。为什么不一次造成，坡道究竟是做什么用的？难道古人的设计有所失误？这疑问使研究人员百思不得其解，只好留待来日，以期有新的发现能解开这个谜底。

未解疑问之三：石窟是随意开凿还是事前总体规划的呢？

考察龙游石窟已经开发的5个洞窟，从平面图发现，石窟各洞，行制相近，相距较近。1号洞和2号洞只一墙之隔。这个墙后面是另一个洞，古人只开凿到这里，就停住了。从龙游石窟立面布局可以看出龙游石窟洞与洞上下相隔很近。龙游石窟确有总体规划吗？通过实地考察，清除了6号洞下的淤泥，发现6号洞和2号洞，上下间隔，其距离仅为50厘米。就此估计龙游石窟是经过了认真的总体规划，既由统一的指挥，统一的组织，并且在一个连续的时期内完成的工程。否则不可避免地会出现打破现存格局，破坏相对独立的情况。针对龙游石窟的这个现象，相关专家发表了见解。

杨鸿勋，原从事建筑历史与理论研究工作，在梁思成先生研究室做其助手，后来任研究所所长，此后进入中国科学院考古研究所，并创立《建筑考古学》学科。自1992年龙游石窟被发现后，杨鸿勋一直未间断对龙游石窟的研究。他认为：各个石窟在下面互相看不到，是平行的，方向一致，距离很近。石窟间的墙壁都很平行，所以它施工用的测量仪器很先进，非常准确；开凿技术很高明。施工组织开凿这么大的石窟必须事先规划设计。由此可以看出龙游石窟应该不是随便开凿的。

孙均，1949年于上海国立交通大学土木工程系毕业，后从事隧道与地下工程研究和教学。1962年参与创建了《地下结构工程力学》学科。他认为：石窟之间靠得非常近，却没有打通过、连通过。依照龙游石窟的地下结构，从岩石力学来看，石窟的上部基本上是圆的拱顶，所以它要靠底下的岩柱、岩壁来承受，这个实际上是一个沉重的结构，否则它会塌下来。顶上面是圆的，底下间隔虽然薄了，但是它是不通的。这个等于大家没想打通。

对龙游石窟石柱的研究，进一步印证了龙游石窟存在事前规划的可能。石窟中粗大的石柱是用预留的方法开凿而成，这些石柱与石窟保持着完整统一，看它的底部与岩体和谐有机地联成一体。而就是这些预留的柱子，在石窟中的排列非常规则，或沿直线等分，或在平面中均匀分布。这就说明在预留第一根柱子的时候就已经确定了整个石窟的长度。从石柱建造上还可以看到，石柱非圆、非方，以弧形过渡，形成“鱼尾”状。石柱尖端指向洞的深处，与石窟顶倾斜方向一致，关于古人有意制造并修饰石柱的情况，在 1 号石窟找到了证实。1 号石窟中有一个未完工的柱子，上半部是鱼尾形，下半部为不规则长方形，上部鱼尾形的方向指向洞的延伸方向。而石柱中间遗留下了未完工程的迹象。

未解疑问之四：古人所用的工具是怎样的？

我们找到了可以佐证古人曾有事前规划的事实，但是有了规划之后，古人用什么测量和定位工具来实施这些规划呢？如果他们尚未掌握这样的工具，规划就毫无意义了。

距今遥远的古代，人们会使用什么样的测量工具？他们怎样实现相关规划呢？他们怎样完成即使是现在也十分复杂的垂直定位和地下定位呢？找不到开凿龙游石窟使用工具的记载，我们只好对石窟测量并对石窟的定位进行分析。

应用现代的测量工具和手段对石窟洞内墙尺寸进行测量，发现龙游石窟型制规整，整体建筑误差极小，从石窟的型制上看，基本上实现了原有规划而设计，此外对石窟的地下布局进行重新测量，发现石窟地下定位十分精确。几个洞窟相隔的墙壁都很薄，这些墙壁成等厚，平行延展几十米，最近处不足 1 米。如果有一点失误都会打穿。这当中最为突出的是，1 号洞与 2 号洞的隔墙，厚度仅 50 厘米。使得凤凰山 24 个石窟，左右相邻而不通，上下相依而不连的，难道是那些最原始的工具？罗盘，将中国四大发明之一的指南针加以发展；线坠是中国古代普遍使用的简朴而准确的垂直定位工具。

众多专家无不坚信古人使用了测量技术，但很难想象出当时可能使用了什么测绘工具，为此困惑不解。

罗哲文认为：当初开凿这个工程时，当然不像现在用很精确的仪器、很精准的测绘，但是从它开凿的经验上来说，它还是有考虑的，例如它高 20 米左右，宽 20 米左右，如果不小心顶部会塌下来。所以它要根据需要，在一些关键的位置，留下这个石柱。至于当时怎么计算现在还不知道。

孙均则认为：那时候肯定没有测量的仪器，没有经纬仪，也没有水平仪，更没有 GPS 这种东西。石窟的定位是个谜。当然石窟的墙壁比较薄，并且相当平，不打穿，还要保持一定的间隔，特别是地下施工，地面是看得见的，地下看不见，怎么放线、用什么测量工具都是谜。从运输困难、光线的困难考虑，石窟的开凿不是一二年的事情，说不定就是一二十年。

未解疑问之五：花纹和图形的意义是什么?

看来古人对龙游石窟如此精心建造，再观看布满石窟的凿刻花纹时，不禁对古人凿刻花纹的目的产生了疑问。龙游石窟的石刻花纹是什么凿痕？是出于开凿的结果，还是有意于装饰呢？如果是装饰这些线条有什么意义呢?

龙游石窟墙壁、顶面、柱子上全凿刻着纹理匀称，排布工整的花纹。石刻花纹为弧形石纹和水平石纹两种，每组间隔约 60 厘米。

有经验的采石工介绍，弧型石纹可能来自开凿，而水平石纹则是开凿中不常见的，尤其是这样多的数量。究竟弧型石纹是不是凿痕？水平石纹又是怎样来的？当地的两个石匠用完整的工序在地上开采了一块石料，以验证会产生何种凿痕，借此彻底分析这些龙游石窟凿刻花纹的产生原因。他们选择了一个同龙游石窟石质相同的岩体，清理好工作面后，开凿工作才正式开始。

他们采取的是十分普遍的开凿方法，首先用铁钎采取一种斜凿的方式，从两侧把岩石和岩体剥离，显然龙游石窟的弧形凿痕就是在这样一锤一锤中产生的。当岩石与岩体完全分离后，再用铁钎从正面凿出几个小孔，最后使用粗大的凿子从正面击打震动，此时岩石裂缝会沿着水平方向延伸，直至刚刚的开凿处，到此岩石彻底与岩体分离。从这个采石的全过程可以看出，这些痕迹确实同石窟中的凿痕十分接近。只是没有横线。

从博物馆几件出土文物中我们有了新的发现，一件青铜器上面有与龙游石窟凿痕类似的装饰图案，也许正是古人将这些十分欣赏的装饰图案沿用到石窟中，石窟洞顶花纹呼应石窟主体，回转处随石窟走向，如河弯中的流水，由近及远，涓涓流淌。笔直处贯穿石窟东西，和谐舒畅。龙游石窟的石柱上也布满了由弧线和横线交织而成的装饰花纹。沿石柱向上看去可以发现石柱与洞顶衔接之处的工艺十分细致，石柱与洞顶的花纹以组相接十分和谐，洞顶的横线流畅地连接到石柱上面。另一处的柱顶出现了罗马柱一般的花纹，这种“弧形过渡”的斜托，既增添石窟的整体美感，也有利于石窟顶部围岩的稳定。石窟由不同的工作面同时开采完成。这里出现了高差是因为古人放弃原有工作面的基准，以便下一个工作面与石窟整体相一致。古人通过精确的控制和细致的修饰，使两个工作面的连接几乎无法看出。

谈及龙游石窟的装饰，在1号石窟北面石壁上方还有一组岩画，内容为马、鸟、鱼，成不规则排列。中国的岩画十分丰富，岩画的创作可追溯到六千年至三万年前，这为我们推测这幅岩画的创作年代及石窟建造年代，提供了更大的时空背景。

曹定云，北京大学考古专业毕业。一直从事甲骨文研究。其参与发掘的“小屯南地”甲骨文项目，被评为“新中国成立后十大发现”之一。现在从事安阳“殷墟”甲骨文的考古研究。不久前他发现石窟岩画中的“月”字，并就此有了新的发现。他确定石窟岩画中有个月亮，这就为这个图打开了一个缺口。与月亮相对应的西边是一只鸟，金乌。金乌实际上就是古代的巫，代表太阳。太阳下面是鱼，在太阳和月亮的上方肯定就是天马，因为它在太阳和月亮的上方来回奔跑。所以这个图被他定名为天马行空图。

大宛：古代中亚国名，位于帕米尔西麓，锡尔河上、中游。汉朝时，泛指在中亚费尔干区域附近各国的国家和居民。据载，大宛国大概在今乌兹别克斯坦费尔干纳盆地。

天马行空是西汉以后才有的，西汉以前不会有天马。因为汉武帝在抗击匈奴的时候从西域引进来一种非常好的大宛良马在抗击匈奴、战胜匈奴的过程中，起了一个很关键的作用。所以后来他们就把大宛良马定名为天马。从汉朝以后在我们中国民间，天马就非常（受到）崇拜。

龙游石窟的石刻花纹是出于开凿的结果？还是有意于装饰呢？初步推测龙游石窟的石刻花纹是在开凿痕迹的基础上加以修饰以达到装饰目的。而这些线条组成的图形，就是当时古人所喜爱的图形。

未解疑问之六：开凿石窟的古人是怎样照明的？

身处龙游石窟宏大的洞室中，人们不禁要问，古人是如何获得照明的呢？没有照明怎样看装饰，又怎样施工呢？

如果当时石窟没有充足的采光，这样巨大而细致的工作是如何完成的？同样如果没有充足的采光，这宏大规模的修饰又有何用途？古代没有电灯，照明只能依靠火把，然而在整个石窟也找不到用火的痕迹，就连非常稳定、很少消退的火烧炭黑也毫无踪迹。难道是被水泡掉了吗？

贾岗，上海同济大学岩土工程系教授，专门从事地下结构力学和施工组织学的研究。他认为：照明问题是需要研究的问题。因为石窟洞口很小，完全靠自然采光，只能在某一个时段，或者太阳偏到某一种（角度）它才能受光，而且是越深，它的光线越淡。石窟的深度现在有的是几十米深而且是倾斜下去的，所以肯定要有人工的照明才行。

火是古老的照明手段之一。为了照明人们将最新的技术应用在照明上面。龙游自古生长下来的乌桕树，曾为人们提供了蜡烛的原料。为了了解龙游石窟的照明方法，我们考察了位于安徽省黄山市屯溪新安江的花山谜窟。花山谜窟面积有 1000 余平方米，在洞中的石柱上遗留着当初放置可燃物品作为灯具指引路径的痕迹，显然他们也使用同样的方法获得照明。花山谜窟中发现有古代灯具、底座、燃油盘。

心怀关于龙游石窟照明的疑问，看到阳光从石窟上面的洞口照到洞下时。不禁要问，难道为了获得照明，古代人充分考虑了利用自然？仔细品味龙游石窟，它确实有别于其他洞穴，石窟西南隅顶部的洞口使得石窟一天之中始终有阳光从洞口中照到洞中，尤其是中午日照最强的时候，太阳向石窟内射进极强的光线。当在黑暗中适应了一段时间后我们发现，即便在石窟较深的地方也可以看清周围。

▲ 龙游石窟内

未解疑问之七：龙游石窟的用途是什么？采石场、居所、仓库、屯兵或陵墓还是其他？

龙游石窟的凿痕使人猜测：龙游石窟是不是采石场？多达几十万立方米的石料用在何处？为什么选择地下开采？只有找到证据才能证实猜测。

自古，采石场的石料均有明确的用途。在浙江温岭，开采出的石料广泛用于建造房屋。通过查阅《龙游县志》寻找有关采石、用石的记载，发现龙游曾在明朝兴建县城，广建城墙，石方量达到 5 万多方。然而县城的公路下一段老城墙遗址满目青灰的颜色，说明这里的石料与龙游石窟的红砂岩之间毫无关系。那醒目的“官砖”字样，也为这个结论加上了印记。也许因为古今地域有所不同，县志记载的城墙不在龙游，而在衢州。为此研究人员对衢州城墙进行了调查。

衢州旧城的水亭门，作为文物古迹保存至今。我们在古城墙中发现了零星散落的红砂岩的石料。它来自龙游石窟吗？如果是的话，为什么数量如此稀少？犹疑之间发现，在衢州老城边上有一个旧城墙纪念处，红红一片的红砂岩似乎成为解锁之钥。然而很快我们就发现这里石料的尺寸和石窟凿痕出入很大。

从衢州经水路返回龙游，一路随江而下。见船只随水漂流，人们不由对从石窟采石产生了一个新的疑问。龙游和衢州均在凤凰山的上游，如果从龙游石窟开采石料建造城墙，岂不是要逆水运送？也许县志中关于兴城建墙的用石记载，非指龙游石窟。这动摇了采石说的理由。龙游石窟真是采石场吗?

龙游石窟拥有规整、相似的空间与凿刻统一、和谐的花纹。这些是采石场的特征吗？还有那无始无终的横线，也是采石场的开凿痕迹吗?

为了考证这些问题，研究人员选择了同属江浙地域的几个采石场进行考证。

浙江温岭，有座1500年历史的古老采石场。因岩性和石质差异，开凿时择优采集，顺势成洞，1300多个洞窟形式各异，洞穴多为横洞，进出方便。黄山屯溪，花山谜窟有石窟30余个，石窟里洞内套洞，洞下有洞。相比空间完全不同。再看花山谜窟洞壁，不同的开凿面，呈现着方向不同的凿痕。但无论哪种方向的凿痕，都没有水平凿痕。

▲ 龙游石窟内的凿痕：石窟顶部及洞壁的凿痕排列规则有序，有平行凿痕、圆弧凿痕，宽度均在0.3米左右

那么水平凿痕是怎样产生的呢？考察发现，若仅为获得空间，开凿时横凿点可能低于下凿深度，岩体会向上裂开，并留下残石。而水平凿痕是清理残石留下的。

解释地下开采的理由，来自当地民间传说“地下开采石质较弱，有如刀切豆腐”。地下的石头有多软？这是采石场猜测的依据吗？石匠们介绍：那些刚从岩体中开凿出来的石料，经过风化硬度可以加大，有利于加工成型。为了验证这种说法的准确性，研究人员在现场取了两块石料，并加工成实验要求的正方体。

在中国建工学院材料实验所进行了实验，这里有专门从事建筑材料强度实验的专家和设备。结果表明地表风化后的石料稍硬，而风化前的石料稍软。

但这不能成为地下开采的理由。因为无论在什么地方开采，新开凿面上的岩体，在两三天内都不会严重风化。

研究人员贾岗认为，从用途上来讲，现在是说法不一，采石场也是其中之一。但从他个人感觉来说，若是作为采石场用不着精雕细刻。而且采石场侧面开采从运输、人工来讲比从地面挖下去要省力很多。

确实，凿痕或地下开采，未能说清石窟的用途。疑问仍需探索。

如果龙游石窟不是采石场？那它是做什么用的呢？

在龙游石窟中没有发现任何记载，可供考证的只有宏大的洞穴。这里有没有谜团的答案？龙游石窟是洞口在上的竖向洞穴。这是人类最早的大型空间建筑。那么龙游石窟是古人栖居的洞穴吗？

杨鸿勋依据对龙游石窟长期的研究认为龙游石窟是在非常的压力下，用非常的措施和巨大的决心完成的。他认为笼统可以把龙游石窟归为穴居的系统。穴居遮风避雨，因此就比较暖和一点。“对于穴居我们有一个科学假说，推断它就是人自己动手，创造自己的生存空间，这样一种居住形式，从不会盖房子到盖房子，开始是选择一个适宜栖居的环境，找一个自然山洞遮风避雨。龙游历史悠久，曾出土不少古代石器，这证明龙游很早就有人类生活。龙游石窟是不是这些古人栖居的洞穴？”

孙均认为，龙游石窟可能是一种群居的洞穴，就是部落与部落彼此之间不连通。龙游拥有背山、靠江的环境。这与中国公元前6000—前2000年间大量的新石器聚落遗址的环境完全相同。这些水源可以满足生活和生产用水的需要，同时还是各聚落之间交往的通道。

▲ 北京延庆古崖居：岩壁上石室密集，共有大小石穴130多个，多为人工开凿

龙游石窟是不是古人栖居

的洞穴呢？洞中有没有古人生活过的痕迹？它在哪里？龙游石窟有很多这样的导水槽，它的开凿是为了施工，还是为了生活？古人栖居洞穴会有哪些痕迹？为此我们前往其他古人栖居洞穴进行了解。北京延庆，古崖居遗址。这里布满了朝向各异、或圆或方的大小崖居遗址。走进洞内可以看到，这是一个 3 间一套的石室。左侧有马槽，上下之间有观察口，右侧有炕，这个石室面南朝阳，可以充分享受一日的阳光。因此石室内十分温暖、干燥。这个石室群还有公众活动的地方。古人生活痕迹十分清晰。龙游，据老人传说，龙游曾有一个石室，室内生活痕迹清晰，只是十分隐秘。经过努力，石室找到了。石室原是两层，隔板和横梁已经不见。两侧墙壁上安放横梁的机构还在。

屋顶遗留着为平整屋顶的凿痕。龙游石窟是否是古人栖居的洞穴呢？这里没有古人栖居的迹象，是没有找到？还是根本没有古人栖居？如果龙游石窟不是古人栖居的洞穴？那是做什么用的呢？

原始的建筑首先用于居住，其次用于储藏。龙游石窟是不是古代仓库？龙游有没有这样的社会需求？

钱塘江是浙江省最大河流，衢江为钱塘江南源水系。龙游就在衢江的中游。古时，钱塘江下游河面开阔，水量充沛，百吨级船只终年往返杭州和龙游之间。春秋的姑蔑就是今天的龙游，姑蔑曾是水运中心，并有商帮形成。东汉，姑蔑更名为太末。

劳乃强，《龙游报》副总编，曾负责《龙游县志》的收集和编整工作。他认为，龙游商帮的最大特点，就是做生意不怕远，到处都去四海为家，所以当时有“遍地龙游”这样一种说法。当然龙游商帮的形成，也不是凭空而来，有各种各样的原因，其中一条非常重要的原因，就是龙游得靠衢江，水路交通方便。尚存的造船作坊印证了当时水运繁荣的景象。6000 多人的龙游商帮，促进了龙游的造船业。这一切也证实了龙游曾有繁荣水运的历史。

历史的长河淹没了关于龙游石窟记载，就像衢江淹没了江堤上撑竿的钎痕。可以看到的只有曾经拴船的将军柱。

龙游石窟是不是仓库呢？

褚良才，浙江大学军事教研部主任，全国高校孙子兵法研究会会长。1992年首批参与对龙游石窟进行研究的专家之一，其提出了龙游石窟是仓库的推测，并逐渐补充完善其论点。他将推测锁定在军事仓库上："为获得一手资料，我们组织了调查。根据我们连续一年的观察，发现这个石窟里面的气温和湿度有着这样的特点，这里面夏天的温度始终能够恒定在15度左右，到了冬天的话，这里面的温度随着室外的温度下降，冷空气下滑之后，这里面的气温有所下降，但是也能够保持在6～7度以上。实验看到龙游石窟的相对湿度为86%，温度为13度，它确实适合储藏。"他还指出在汉朝龙游是一个重要的军事基地。所谓兵马未动粮草先行，必须要有一个供它军事行动的大的基地，需要有很多战备物资来囤积在这个水陆交通枢纽。龙游当时叫太末，而且龙游石窟有一些很独特的特点，例如洞与洞之间不相连，它都是单个呈一个个单元，洞口都是方的。在汉朝的时候，著名的经济学家高诱就说过"方口曰窖"，这个方口就是窖的典型标志。洞口都是方的，垂直打下来，然后下面的空间按照将近45度这样一个角度开凿下来，这个空间大概高有30米左右，是一个相对独立的洞，又是小洞口。它这里面温度、湿度，包括里面小气候相对稳定，很适合储藏一些粮食或者其他一些物资设备。

"百尺苍崖水气昏，我来避暑动吟魂。千年尽露碧波色，万古犹存斧凿痕。倒跨苍龙探月窟，醉骑老鹤蹑云根。天心水面无穷意，日日乘舟到洞门。"根据宋朝诗人张正道一诗的记载，我们找到了翠光岩。这个岩洞在宋朝已成万古之谜。一张题目叫《翠岩春雨》的明朝图画，描述了当时翠光岩储存物品的情景。然而这个发现并不能为仓库说提供依据？因为这些洞窟全是横穴，与龙游石窟的形式存在着很大的差异。龙游地区有不少以岩命名的洞穴。随着地貌的变化，这些临江的横穴多数淹没在水中。他们和龙游石窟有什么关系呢？龙游石窟也是仓库吗？

杨鸿勋不太相信这种推测。原因就是仓库有一个目的性使用要求。造仓库，目的是储存货物，越方便越好。以江为主要交通要道的地方，坐船运载非常方便，现在还有不少仓库。地上遗留的洞，都在江边上。若把龙游石窟作为仓库，运送和储藏货物都不方便。

如果龙游石窟不是仓库，那是干什么用的呢？屯兵？在紧邻衢江的山丘顶部，草木茂盛，人迹罕见。这也正是龙游石窟的洞口所在地。龙游石窟的洞口一定有特别的目的。难道为了遮人耳目，避免暴露？

杨鸿勋认为，龙游石窟应该是为了满足某种社会需求，绝不是为了个人而开凿的。一直往前推演，东周时期龙游可能是越国的版图。在越国消灭五国、报仇雪恨之前，它是一个姑蔑小国，这个时期越国有修建龙游石窟的可能。国君要十年生育十年教训，在其敌人占领它的国土情况下，移居到邻国外面。这在正史上都有记载。龙游是春秋时期的姑蔑，也是东汉时期的姑蔑。据说文解字解识，“末”“蔑”为边境的意思。那时的龙游曾有不少战事发生。越王勾践卧薪尝胆的故事就发生在那个年代。“十年生聚”即奖励生育、扩充兵源，这是可以在敌人的监视下不动声色地实施的。但“十年教训”即军训，却不可能在敌人的监视下进行。越国借姑蔑之地练兵也在情理中。龙游石窟和战备有关，是储存物资的，但是绝对不是屯兵。那里不可能屯兵，屯兵人在里面受不了，既不能练武憋着也难受，但是它储存物资是可以的。而且开凿石窟并非一朝一夕所为，岂不消耗越国本已弱小的实力？另外春秋铁器尚未成熟，青铜虽硬但脆，怎能开凿这样大的石窟群？

龙游石窟如果不是屯兵的，那是干什么的呢？是陵墓吗？

研究人员到处寻找信息。在博物馆他们看到许多汉朝出土文物，不由得联想到汉朝流行建造石墓，龙游石窟是不是汉墓呢？很快他们又看到了冥器和汉朝官印。这就加深了我们的猜测。

龙游石窟是不是汉墓呢？谁是墓的主人？经查，古代龙游地区确实有姑蔑王、徐偃王等人可能修建陵墓。当中以徐偃王的可能性最大。记载徐偃王庙碑的拓片只有一半碑文，且十分模糊。我们在文物馆的石片中寻找徐偃王庙碑，终于发现了半块石碑，碑文记载有：“偃王死，民号其山曰徐山，凿石为室，以祠偃王”。那么龙游石窟是不是汉墓呢？

汉墓有上天下地的现象，龙游石窟为七星布局。这是为什么呢？

这是天象学知识的范畴，可它那时候没有这个东西，但是它能够根据七星的布置做出形状，可天上那么多星星，建造者不是天文学家也不是天象学家，怎么会布置得像七星呢？

龙游石窟是不是汉墓呢？研究人员抽去洞中积水，进一步发掘龙游石窟。同时派人来到汉墓较多的徐州。到了徐州狮子山楚王陵墓，进入后，可以看到部分物品，这些物品是在残乱的盗墓现场中找到的一些遗存物品文物玉衣等。

在龙游石窟，水被抽干后，首先露出的是向下的台阶，而后发现了几件陶片，然而仅凭它们还不能确定，龙游石窟就是陵墓。龙游石窟工整大方，具有王者风韵。这与徐州汉墓相同吗？徐州龟山汉墓，是楚国襄王刘注夫妇合葬陵墓龟山汉墓建筑。龟山汉墓研究人员没有更多的收获，只是发现，即便是汉朝王陵墓建筑的精致程度远不比龙游石窟。这进一步证实了龙游石窟的建筑确为非常人之举。

三、未了的探秘，期待的谜底

古人为我们留下了伟大的工程，同时也给我们留下了无数谜团。

自龙游石窟发现以来，各种疑问和猜测从未间断。

石窟中陡坡、花纹有何用途？建造石窟需要多少人工、多长时间？龙游石窟聚集了众多探索者的目光。

采石、穴居、仓库、陵墓，石窟用途到底为何？这更被众人关注。

对龙游石窟的探索始终在继续。一个神秘的世界，一次惊人的发现，一段不懈的探秘，神秘的石窟将再续新的故事……

1937年，梁思成、林徽因夫妇带着营造学社的助手前往中国山西省的群山中寻访古建筑。

此时，距“卢沟桥事变”爆发还有不到1个月时间，山雨欲来风满楼。

探秘佛光寺

梁思成和林徽因这次前往五台山的考察已经是他们在山西省寻找中国古建筑的第3次远行。

尽管他们知道，五台山寺庙群中有大量的古建筑，但他们并不想在此停留。因为这里的寺院大多在明清年间经过重修，不是他们要寻找的目标。

这一次，他们把全部希望寄托在五台山西南的一片群山之中。

▲ 梁思成林徽因夫妇

北洋政府：“中华民国”成立初期，以北京为首都的中央政府与政治时期，北洋派于这段时间在政府格局中占优势地位。北洋政府对外依靠英美帝国主义支持，对内主要代表国内汉族官绅势力，以北洋军队为统治支柱，发展民族经济和教育，实行舆论自由，在全国建立起自治化的统治。

梁思成，1901 年出生在日本，他的父亲梁启超是中国近代史上著名的政治活动家、启蒙思想家、康有为的学生、戊戌变法领袖之一。

晚年的梁启超逐渐从政治舞台上淡出，把主要精力用在对中国传统文化的研究和梳理上。当梁思成长大成人时，梁启超为儿子设计了文化创造的人生目标。最终使 20 世纪的中国又多了一位有永恒价值的文化人物。

林徽因，梁思成夫人，1904 年出生在福建，她的父亲林长民是中国近代立宪派领袖，擅长诗文、书法，曾经出任北洋政府司法总长等职。

▲ 中国近代著名政治活动家梁启超

梁思成 18 岁时，梁启超和挚友林长民出面，为梁思成和林徽因定下姻缘。但梁启超的态度是，我只提供邂逅，并不包办婚姻。

梁思成和林徽因，这一对现代史上令人惊艳的传奇夫妻，有着极其炫目的出身和起伏跌宕的故事。

1924 年，梁思成与林徽因结伴共赴美国。

当时，美国费城的宾夕法尼亚大学建筑系，由著名的法国建筑师克雷主持。克雷教授尤其主张学生要深入研究建筑史并强化透视图的训练。

▲ 林徽因和父亲林长民

梁思成顺利进入宾夕法尼亚大学建筑系读书，由于建筑系不招收女生，林徽因不得不先在美术系注册入学，而后才转入建筑系。

当建筑系教授向他的中国学生询问中国建筑史时，梁思成感到十分茫然，他告诉教授，古代

侍郎：汉朝郎官的一种，原本为宫廷的近侍。东汉以后，尚书的属官初任称郎中，满1年称尚书郎，3年称侍郎。唐以后，中书、门下二省及尚书省所属各部均以侍郎作为长官之副，地位次于尚书，相当于现在的部长、副部长级别。

中国似乎从来没有把建筑当成一门艺术，建筑史的研究更是一片空白。

就在梁思成为中国建筑史感到茫然时，商务印书馆刊印了一部新发现的古书《营造法式》，发现者朱启钤曾是北洋政府大名鼎鼎的人物，也是梁启超的故交。

《营造法式》是现存中国历史上最早的一部建筑手册，收录了北宋时期的建筑图例和施工标准，作者李诫是宋徽宗的工部侍郎。

1925年，梁启超给在美国留学的梁思成、林徽因寄去《营造法式》一书，并特意写了他的评价："一千年前有此杰作，可为吾族文化之光宠也已。"

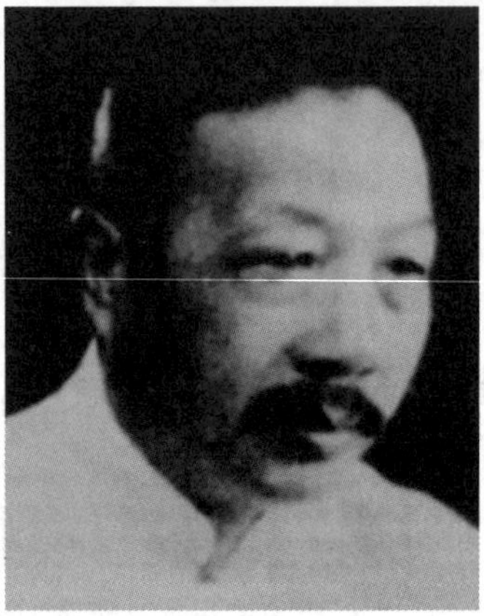

▲ 发现《营造法式》的朱启钤

尽管梁思成当时几乎无法读懂这部"天书"，但他隐隐感到，一扇探索与研究中国建筑史的大门正在悄然开启。然而，他们的第一步将向哪里迈出呢？

北京东城区有条不起眼的巷子，名叫赵堂子胡同。中国营造学社就诞生在这里。学社的创建人朱启钤，曾任北洋政府交通总长、内务总长。

1930年，朱启钤发起成立了"中国营造学社"，这是中国第一个建筑学术团体。营造学社早期的工作，侧重文献方面，中国古代流传至今的有关建筑技术方面的书籍仅两部，一部是宋朝的《营造法式》，另一部是清朝的《工部工程作法则例》。由于书中词语日久失用，构造做法难以理解。于是，营造学社需要受过现代建筑学训练的专业人才，参与破解这两部巨著。

梁思成、林徽因回国之后，在东北大学创办了建筑系。九一八事变后，东北沦陷，他们回到北平。刚好这时朱启钤成立营造学社，他找到了梁思成。

这一年，梁思成出任中国营造学社法式部主任，正式开始了他研究中国传统建筑的学术生涯。梁思成认为，唐朝建筑艺术是中国建筑发展的一次高峰，他确信，中国木框架建筑的建造原则以及过去3000年来这种建筑方法的演变之谜，就隐藏在现存的古代建筑遗迹中。但最大的困难是，如何在广袤大地上找出那些可能幸存的古代木构建筑呢？

而日本出版的《中国建筑史》断言：唐及唐以前的木结构建筑在中国已不存在，只有在日本奈良才能见到。

这个断言深深刺痛了梁思成。但这个近似冷酷的断言至少在当时就是事实，在日本京都和奈良的中国唐朝建筑保存完好，随处可见。

木结构建筑：中国木结构体系历来采用构架制的结构原理，以四根立柱，上加横梁、竖枋而构成"间"。紫禁城太和殿为十一开间，是现存最高等级的木构古建筑。斗拱是中国木架建结构中的关键部件，作用是在柱子上伸出悬臂梁承托出檐部分的重量。木结构体系的优点很多，如维护结构与支撑结构相分离，使得抗震性能较高；取材方便，施工速度快等。同时也有很多缺点，如易遭受火灾、白蚁侵蚀、雨水腐蚀，相比砖石建筑维持时间不长。

1932年春，梁思成从北京鼓楼展出的一张风景照片上，发现蓟县独乐寺不同于清故宫的建筑风格，于是促成了营造学社的首次田野考察。

独乐寺建于辽朝，距今1000多年。独乐寺的建筑形制上承唐朝遗风，下启宋式营造，是研究中国建筑发展的珍贵实物。观音阁内高达16米的辽朝泥塑观音像，与独乐寺建筑群一起经历多次大地震而奇迹般地幸存。更让梁思成兴奋的是，独乐寺在时代上虽属于北宋，形制上却更接近梁思成渴望见到的唐朝建筑。对独乐寺的考察让梁思成相信，他看到了黎明前的曙光。

从此，梁思成和林徽因率领考察队频频走出北京，去寻找那些濒临灭绝的古建筑，为它们测量、照相、登记。这支非官方的考察队，出现在当时混乱纷扰的乡镇和田野上，自成一道奇特的风景。

中国营造学社相继调查了蓟县独乐寺、宝坻区广济寺、正定县隆兴寺、山西省大同市金辽时期的华严寺和善化寺，以及著名的应县辽朝木塔等古建筑，遗憾的是，他们并没有找到唐朝的木建筑。

在考察中，他们常常满怀希望跑了几百千米，却只发现一堆废墟，或许还有几片屋瓦或几根柱础作为此行的回报。

客观上说，木头是一种易损的建筑材料，即使有宽广、外伸的瓦顶作保护，木柱和桁架也很容易遭受虫蛀、腐蚀和火灾，更何况，还有人为的破坏和战乱的侵扰。每次战乱都是珍贵古建筑厄运当头的时刻。战胜者为了彰显自己的武力和威风，往往以焚毁战败者的宫室为荣耀，从项羽当年焚烧“咸阳宫室”的那场大火开始，几乎每次朝代更迭都不能幸免。

但在一些气候适宜，地处偏远的地方，木构建筑还是可以留存的。

当时西北科学考察团在新疆发现了保存完好的汉朝木简，梁思成由此坚信，上至唐朝的中国古代木构建筑一定有所留存。

从1932—1937年初，梁思成和林徽因实地考察了137个县市，1823座古建筑。可是，他们一直期望发现的1000年以前的唐朝木结构建筑却从未出现过。

1000多年的战火和风霜雨雪，一座木结构的建筑能够从10世纪保存到20世纪，实在是难以想象的奇迹。

奇迹来自偶然。

梁思成偶然看到一本画册《敦煌石窟图录》，这是法国汉学家伯希和在敦煌石窟实地拍摄的。

在这本书中，梁思发现，敦煌61号洞中有一幅唐朝壁画“五台山图”，这幅巨型壁画上绘制了佛教圣地五台山的全景，其中有一座叫“大佛光之寺”的庙宇引起梁思成的注意。

五台山，中国四大佛教名山之一，佛家认为是“文殊菩萨的道场”。五峰当中的小镇叫“台怀”，五峰以内叫“台内”，以外称“台外”。

台怀周围寺刹林立，香火极盛，建筑经过历代多次重建或改建，已少有明清以前的庙宇存在。台外因地处五台外围，寺刹散远，交通不便，人迹罕至，香火冷落，寺院经济拮据，没有力量重修，反倒可能让一些古老的建筑侥幸保存下来。

1937年，日本侵华步骤急剧加快，时局日益紧张。

梁思成越来越感到时间的紧迫，他和林徽因希望在战争爆发前把华北、中原的古建筑调查做完，以免这些人类的宝贵遗产毁于战火而不能给国人留下一图一景，成为他们终生的遗憾。

循着《敦煌石窟图录》的线索，梁思成和林徽因很快在北平图书馆查阅到了有关大佛光之寺的资料。五台山《清凉山志》记载，佛光寺始建于北魏，唐武宗灭佛时被毁，12 年后佛光寺重建。

由于大佛光寺处于五台山的外围，祈福进香的信徒很少。这份记载和梁思成的推断吻合。

为此，梁思成给围绕这座寺庙的整个山区道路都绘制了地图。

武宗灭佛： 唐朝后期，由于佛教寺院土地不输课税，僧侣免除赋役，佛教寺院经济过分扩张，损害了国库收入，唐武宗于会昌五年下令清查天下寺院及僧侣人数，限期拆毁寺庙，僧尼迫令还俗者共二十六万零五百人。唐武宗灭佛是佛教与封建国家发生经济上的矛盾冲突、佛教与道教争夺宗教上地位的斗争的结果。这一阶段，佛教遭受到严重打击，佛教徒称之为“会昌法难”。第二年武宗死，宣宗即位，又下令复兴佛教。

1937 年 6 月，梁思成、林徽因把一双儿女托付给大姐，带着助手莫宗江、纪玉堂动身前往五台山。

而当时，他们的身体状况并不好：梁思成拖着一条伤腿，林徽因则患着肺病。

他们到达五台县城后，没有去台怀镇，而是直接去了南台的外围，寻找《五台山图》中的大佛光之寺。

1937 年 6 月 26 日，从清晨走到黄昏时分，梁思成、林徽因一行来到台怀镇西南 200 余千米的豆村。

转过山道，他们远远望见一个隐藏在连绵山峦下的古寺。难道这就是佛光寺吗？

当年的古寺早已香客冷清，荒凉破败，看守寺院的只剩一位年逾古稀的老僧和一位年幼的哑巴弟子。

当老僧明白造访者的来意后，佛光寺寂寞多年的山门，便为这几位神秘的远方客人敞开了。

据五台山《清凉山志》记载，佛光寺始建于北魏，唐武宗灭佛时被毁，被毁之前的“大佛光之寺”的影像，被描绘于数百千米之外的敦煌石窟，可想而知这座寺院唐宋时期在五台名刹中的地位。

梁思成进入寺院，一眼看到出檐深远的大殿，就断定这是一座比他们以前所见的更古老的建筑。

然而，梁思成和林徽因依然感到疑惑。因为他们之前反复研究的《五台山图》上，“大佛光之寺”院内，分明画的是一座三层高的大殿，可眼前的建筑却只有一层。

它究竟是不是古籍上所记载的佛光寺呢？

1964 年，也就是梁思成、林徽因发现佛光寺 27 年之后，一位叫柴泽俊的年轻人，在北京的古建筑学习班上，当面向梁先生询问了他对佛光寺东大殿的第一印象。

山西省文物局高级工程师柴泽俊介绍：“到了佛光寺，梁先生高兴极了，他说，我没有想到，五台还能保存下这么好的一座唐朝建筑，它一下就把我吸引住了。”

大殿内的景象让梁思成和林徽因惊讶不已。

梁思成后来写道：“那高大的殿门顿时就为我们打开了。里面宽有七跨，在昏暗中显得更加辉煌无比。在一个很大的平台上，有一尊菩萨的坐像，他的侍者们环他而立，有如一座仙林。”

眼前这些身材高大、造型别致的彩色塑像，仿佛让他们回到了遥远的历史时空。

从艺术造型上看，佛像面颊丰满，弯弯的眉毛，端正的口唇，都具有极其显著的唐朝风格。菩萨立像大都微微向前倾斜，腰部弯曲，腹部略微凸起，这都是唐中叶以后菩萨造像的典型特征，与敦煌石窟里的塑像极为相似。

柴泽俊说，当时有一批匠师终生为寺庙服务，终生研究塑像艺术，达到了极高的境界。

造像：古时为生人、亡人或己身祈福，在僧寺或崖壁间镌石成佛像，或以金属铸造佛像的，称之为造像。始于优陀延王，大体在东汉时期佛教传入中国之后。魏晋以来，在北方盛行的石窟造像影响下，小型可移动的石造像也趋于流行。

▲ 造型别致的唐朝彩色塑像

穿行在大唐盛世的时空中，梁思成夫妇感觉仿佛进入了一个魔幻的世界。尽管他们熟知中国雕塑史，确信重大的发现就在眼前。但他们仍需要找出确凿无误的证据去证实这个发现。

梁思成写道：“在平台左端，坐着一个真人大小的着便装的女人，在仙人丛中显得非常渺小畏缩。和尚告诉我们，她就是篡位的武后。”

梁思成和林徽因感到有些困惑：且不说这个女人是不是武则天，如此写实的塑像与菩萨安放在同一个佛坛上，已十分罕见。梁思成记得，只有敦煌壁画上信女像的位置才与此类似。

这个女人究竟是谁？她与佛光寺有什么关系呢？

天色已暗，更多的疑问还需要明天的详细探查才能释然。

由于这座寺庙附近没有可供住宿的学校，梁思成和林徽因他们只好留在大殿过夜。

平日工作时，梁思成管林徽因叫“scale（标尺）”，因为林徽因总是作为参照物出现在建筑照片上。而测绘时，梁思成大多是爬在屋梁上，所以林徽因管梁思成叫“梁上君子”。

这一晚，“标尺”和“梁上君子”彼此依偎温暖着，计划明天的工作。

那一年，梁思成 36 岁，林徽因 33 岁。

▲ 建殿主持者愿诚禅师塑像

▲ 明朝所造的罗汉像

当第二天黎明到来时，他们迫不及待地开始了调查：大殿的佛坛上有唐朝彩塑佛像 35 尊，金刚等 33 尊。另 2 尊特别的人物塑像，按照老和尚的说法，一尊是建殿施主武则天，另一尊是建殿主持者愿诚和尚。这两尊塑像虽然小些，但形态却很生动。此外，大殿两侧，还有明朝塑造的罗汉像 296 尊。

大殿的斗拱、梁架、藻井以及雕花的柱础梁思成他们都细致看过，无论是单个或总体，都明白无误地显示了晚唐时期的特征。

其实，面对佛光寺内诸佛菩萨的塑像，梁思成和林徽因一眼就可看出是晚唐的作品，因为这些塑像和敦煌石窟的塑像极为相似。尤其是林徽因，她受过严格的美术训练，只要看一眼，就可以大致分辨出作品的年代。

假如这些塑像是唐朝遗存，庇护塑像的建筑就有可能是唐朝的。

梁思成和林徽因认为，如果大殿经过不断重修，眼前的唐朝塑像将很难完整保存至今。

▲ 大殿雄大的斗拱和出檐

柴泽俊认为可惜的是，1929年，寺院诚习老和尚出于好心，化了许多布施，对佛光寺的佛像全部油饰一新。唐朝塑像有点炫光刺目，颜色有点鲜丽，而且不是按照原来的颜色油饰的，但是它的骨骼、体量、造型、神情，依然是唐朝原作。

面对近在咫尺的佛光寺，梁思成被那层层交叠而又宏大雄伟的斗拱所震撼。虽然这些斗拱像承受了千年的委屈一般，交错折叠在宽大深远的屋檐下，而正是这种稳健牢固的姿态，支撑着佛光寺千年的骨骼和历史。

斗拱是中国古建筑特有的构件，在立柱和横梁交接处，在柱顶上层叠形成弓形的承重结构叫拱，拱与拱之间垫的方形木块叫斗，合称斗拱。通常在较大建筑物的柱与屋顶间的过渡部分设置斗拱，用于支撑和承接庞大的屋顶，将其重量直接或经过额枋间接地传递到柱基上。斗拱高度约等于柱高的一半，其中每一构件都有其结构功能，从而使整幢建筑显得非常庄重。这是后来建筑中所未见的。

梁思成评价：此殿“斗拱雄大，出檐深远”。

经测量，斗拱断面尺寸为210厘米 ×300厘米，是晚清建筑斗拱断面的10倍；屋檐探出达3.96米。这在宋以后的木结构建筑中也是找不到的。莲瓣造型的柱基，是唐朝最流行的风格。梁带有曲线，称为月梁，一般古老的建筑才会使用。天花板叫作平闇，佛光寺东大殿的平闇，方格密小，是唐末及五代建筑通用的做法。

眼前的陈列美轮美奂，世间罕有，他们仿佛来到了一座古人特地为他们留下的艺术宫殿。这是一件人间的珍品，纯净而典雅，也将是一个惊世的发现。可是，它的创作者是谁？作品诞生的年代又是何时？反复搜寻一直没有找到任何碑刻和题记上的文字记载。也没有发现通常写在屋脊檩条上的文字。

梁思成决定，爬到天花板上去碰碰运气。

数十年前，梁思成究竟在佛光寺东大殿天花板上的隐秘处发现了什么？

关于天花板上的奇特见闻，梁思成这样写道：“我在那里看到了一种屋顶架构，其做法据我所知只有在唐朝绘画中才有。使用‘大叉手’，而不用‘侏儒柱’，这和后世中国建筑的做法全然不同，大大出乎我们的意料。”

山西古建筑保护研究所副研究员郑庆春说，大叉手结构，从汉朝开始有，南北朝也有，在石窟上也有这种形象，但是实物没见过。梁思成夫妇做了大量的古代建筑调查，在北方调查了数百处，从来没有见过这样的结构。这种结构可以明确地判断是唐朝的原物。

叉手的作用，是承托屋顶的重量。叉手的做法，到宋朝，演变成叉手之

▲ 大梁上的文字

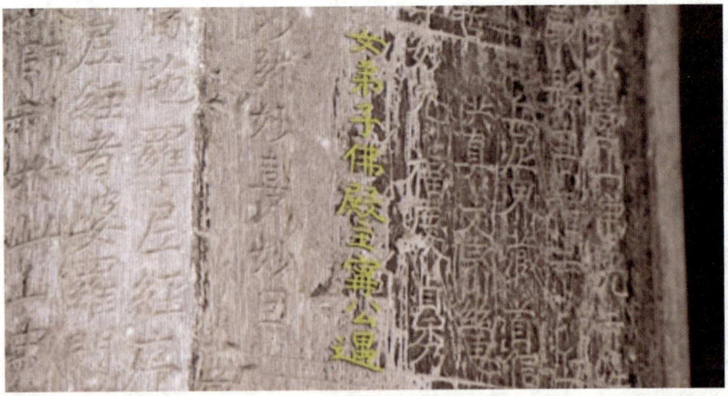

▲ 石经幢上的文字

间加上侏儒柱，而到了清朝，叉手完全不见，只保留了侏儒柱。

梁思成写道："这个'阁楼'里，住着好几千只蝙蝠，它们聚集在脊檩上边，就像一层厚厚的鱼子酱，使我无法找到在上面可能写着的日期。除此之外，木材中又有千千万万吃蝙蝠血的臭虫，工作至苦。"

连续3天的辛勤查勘，梁思成仍没有找到确切的建造年代。

如果仅靠大殿的唐朝结构和雕塑的风格特征来判断建筑的年代，误差有时可能会多达半个世纪。

此时，一直负责地面工作的林徽因突然欢快地叫了起来，她发现一根大梁上有很淡的毛笔字迹。

他们请寺里的老僧在附近村庄找了两个农民搭了个架子。林徽因自告奋勇上去擦洗污垢。没想到，这个看似简单的过程，竟然整整持续了3天。

梁上那行文字是："佛殿主上都送供女弟子宁公遇"。意思是，大殿是由一位叫宁公遇的女性捐钱建造的。正当大家还在琢磨这段文字时，林徽因突然快步奔向大殿外的石经幢。她忽然记起，在佛光寺大殿前的石经幢上似乎也有相同的名字。

果然，石经幢上刻有这样一句话"女弟子佛殿主宁公遇"，这绝不是偶然的巧合，梁上的题字与经幢上的刻文相互吻合，大殿的建造时间终于能够确定了。

石经幢上刻写的纪年是：唐大中十一年。根据推算，应该是857年，距发现之日整整1080年。

调查进行到这个阶段，似乎需要把思路重新再理一遍：寺院老僧说的那尊武则天塑像，其实就是功德主，也就是捐钱修建佛光寺的宁公遇本人。宁公遇看起来是一位年近40岁的贵妇人，面貌丰满，衣着入时，这是一尊写实的肖像。

与这座非凡建筑的诞生有关的人物除了施主宁公遇，还有一个人，他叫愿诚禅师。唐武宗灭佛后，40岁左右的愿诚禅师四处化缘，复兴了

功德主：供养佛、法、僧三宝的施主、檀越。在佛门中，布施净财者为功德主；发心作务或热心接引他人入佛门，使佛教蓬勃发展者，也可称为功德主。如比丘、比丘尼及各级信仰佛教的优婆塞和优婆夷（男女居士）等。佛教只珍重供养的发心，而不会按财力多少来评判。

▲ 功德主宁公遇塑像

▲ 与宁公遇名字出现在同一根木柱上的功德主

佛光寺。另一位叫王守澄，他以“功德主”的名义与宁公遇的名字出现在同一根木梁上，这个神秘的人究竟是什么身份？他与佛光寺的诞生又有什么关系呢？

梁架上的两行题记，提供了一个非常重要的信息，右军中尉是唐朝宦官的首领，而佛殿主宁公遇，只记载是唐长安送供女弟子。梁思成先生推测，宁公遇有可能就是王守澄的家人，因为在唐朝，有宦官娶妻的习俗。因为一个普通老百姓没有那样大的财力，她必须有强大的后盾。

柴泽俊说，东大殿是京都长安的布施者、长安的建筑大师们和当地建筑匠师一起修成的。发挥了民间匠师的特色而形成的东大殿，是一座唐朝的代

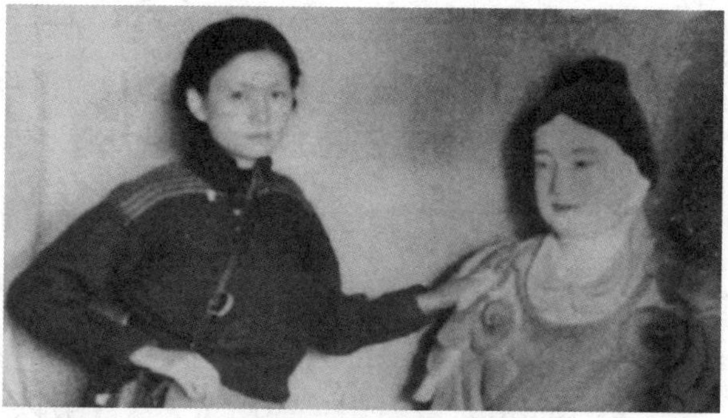

▲ 林徽因与宁公遇塑像

表性作品。

代表唐朝最高水平的众多艺术作品汇集在一座寺庙里，而且同时被发现，如此重要的意外收获，成为梁思成和林徽因多年来寻找中国古建筑最快乐的事情。

梁思成后来满怀欣喜地说："这是我们这些年搜寻中所遇到的唯一唐朝木建筑。不仅如此，在这同一座大殿里，我们找到了唐朝的绘画、唐朝的书法、唐朝的雕塑和唐朝的建筑。它们是稀世之珍，但加在一起它们就是独一无二的。"

他们临走时，林徽因面对宁公遇塑像沉默了很久后对梁思成说："我真想在这里也为自己塑一尊像，让林徽因这位女弟子永远陪伴这位虔诚的唐朝大德仕女，在这肃穆寂静中盘腿坐上一千年。"

梁思成后来写了一段颇富诗情的感慨："施主是个女的！这位年轻的建筑学家，本身是个女人，将成为第一个发现中国最稀奇的古庙的人，而该庙的施主竟然也是个女人，显然不是一个偶然的巧合。"

在以后的时间里，梁思成和林徽因全面查阅和研究了这座寺庙。

佛光寺创建于北魏孝文帝时期。隋唐之际，已是五台名刹，"佛光寺"这个寺名屡见于各种史书记载。

845年，也就是唐武宗会昌五年，皇朝发动灭法运动，寺内除几座墓塔外，其余全部被毁。偌大的佛光寺土崩瓦解，变成一片废墟，僧人也全作鸟兽散。

857年，也就是大中十一年，京都女弟子宁公遇和高僧愿诚主持重建佛光寺。

现存东大殿及殿内彩塑、壁画等，即是这次重建后的遗物。

柴泽俊说，从寺前地基上钻探到的砖瓦情况看，佛光寺的规模原来比较大，在隋唐时期是五台山的一座著名佛寺。

佛光寺在唐朝重修后，因为佛教已经开始走入衰败而少有记载，基本就被遗忘了。

到了12世纪金朝以后，佛光寺前院两侧兴建了文殊、普贤二殿。在文殊殿对面，曾经有普贤殿和天王殿，但是，这两间殿堂分别在明崇祯年间、清光绪年间不慎被烧毁。院内的南北厢房是民国初年增建的。在长达1100多年的漫长岁月中，经历过8次5级以上地震的佛光寺东大殿为何硕果仅存呢？

柴泽俊说，它的台基前半截是垫起来的，非常坚固，后半截就坐在石岩上。潮气不容易上升，里边的塑像没有腐蚀现象。

东大殿天棚下拱眼壁上遗存的唐朝壁画，是梁思成在大殿梁架上测绘时偶然发现的，唐朝壁画上所使用的白色颜料1000年后会变成黑色，这个认识得益于他对古代壁画所用颜料的了解。因为唐朝壁画的矿物颜料有锌白，画中白颜色的部分、面部等需要白颜色的地方，经过多年的氧化会发黑。

梁思成、林徽因之后对佛光寺的深入研究实际上延续了半个世纪之久。梁思成当年对东大殿正面的大门做了仔细研究后认为"其造门之制，是现存实例中所未见的"。由此他留下了这样的悬念："门部的结构恐怕是明以后物，其结构法是否按最初原形，则尚待考。"

东大殿现存的五扇大门究竟是不是后人在维修时添加上去的呢？

27年后的1964年，梁思成的学生，中国营造学社最后的传人罗哲文先生和山西考古专家孟繁兴一同前往佛光寺考察。在那儿遇到大雨，当时交通不便，晚上就留宿寺中。

那一年的7月偏偏多雨，一连下了好几天，像是老天爷有意留客。在寺院住下来的罗哲文，每天打着手电筒在东大殿里查看，这一看，又是石破天惊。

细观之下，罗哲文在大门背光处的门板上发现有墨迹，经过仔细搜寻，罗哲文和孟繁兴竟然在大门内面的门板、门框上，找到了数十处从唐朝到明、清时期的墨书题词。年代最早的一处题词仅四个字"咸通七年"，这是唐懿宗

▲ 门上的题词

的年号，也就是 866 年，距佛光寺落成仅仅 9 年。

门上留下的珍贵墨迹说明了什么问题呢？

罗哲文说，当时有一个争论，很多有名的专家认为东大殿前面的门是后来改的，它前面原来应该是廊柱，门在后面。

根据梁思成当时绘制的东大殿平面图，东大殿主体建筑由外围的檐柱一周和内柱一周组成，跟《营造法式》所称的“金厢斗底槽”做法大致相同。由于梁思成曾有“门部的结构恐怕是明以后物”的判断，所以后来不少专家据此认为，现在大门的位置，本应该是一道回廊。

金箱斗底槽：宋朝《营造法式》中列举的四种空间（单槽、双槽、分心斗底槽、金厢斗底槽）划分方法之一，其特点是殿身内有一圈柱列与斗拱，将殿身空间划分为内外两层空间组成，外层环包内层。山西五台山佛光寺东大殿就是这种结构。

罗哲文说，题记题在门上，而且题在门框上，这样就解决了佛光寺研究中的一个争论。

门上的题词如同书画上的落款印章，天衣无缝地证明了大门的结构并未经过任何改动，依然是唐朝原物。

罗、孟二位先生不仅发现了门上的题词，而且还找到了一幅画在佛座背面的唐朝壁画，此画由于长期密闭，不见阳光，发现时色彩如新。经过比对，这幅珍稀的唐壁画与唐朝吴道子的《天王送子图》内容和结构相近。

▲ 唐朝壁画

10 年后，1974 年，柴泽俊先生在东大殿研究壁画时，再次发现了多处唐朝壁画，加上梁思成、罗哲文、孟繁兴等人此前的发现，佛光寺遗存的唐朝壁画多达 60 余平方米。

柴泽俊说，寺庙中保存唐朝壁画，全国仅此一处，其他是敦煌莫高窟石窟里保存下来的。因此，佛光寺为数不多的壁画，是我国绘画史上的重要一页，是当前保存下来最早壁画的实证。

在佛光寺工作一个星期后，梁思成他们决定离开寺院。

梁思成告诉寺院老僧，自己已准备把这一重大发现报告山西省当局，以敦促实现对佛光寺的永久保护。

几天后，梁思成从报纸上得知，日本军队的枪炮声已响彻北京城，中国已没有了安宁。

但是，他们几天前的发现，将最终奠定梁思成与林徽因作为中国建筑史学者的最高成就。但遗憾的是，在距离佛光寺西北几十千米的山中，有一座南禅寺，它的建筑年代比佛光寺还要早。由于时局的纷乱，梁思成、林徽因和它擦肩而过了。

在梁思成和林徽因发现佛光寺 16 年之后，1953 年，山西考古人员考察了南禅寺，他们根据殿内屋梁上写有“大唐建中三年”的墨书题词考证，南禅

▲ 中国现存最古老的唐朝木结构建筑南禅寺

寺是782年重修的，时间比佛光寺的落成要早75年。这意味着，南禅寺是中国现存最古老的一座唐朝木结构建筑。也意味着，由于梁思成、林徽因对佛光寺的发现，历史仅存的两座唐朝木结构建筑，从此在中国的建筑史上双星闪耀。

1961年，五台山佛光寺被列入首批国家重点文物保护单位。

1984年，梁思成《图像中国建筑史》在美国出版，而佛光寺考察成果就是其中重要的篇章。

在山西省新绛县城西北17千米处的光村，藏着一处国宝——福胜寺。福胜寺是唐朝贞观年间李世民当皇帝时下诏书敕建的，整个寺区占地面积近5600平方米。这里林荫蔽日，寺址高耸，建筑高低层叠，错落有致，蔚为壮观。

▲ 千年古刹福胜寺

古刹魅影

十八罗汉： 罗汉又称阿罗汉，指能断除一切烦恼，达到涅槃境界，不再受生死轮回之苦，修行圆满又具有引导众生向善的德行，堪受人天供养的圣者。释迦牟尼佛为使佛法在佛灭度后能流传后世，使众生有听闻佛法的机缘，嘱咐十六罗汉永住世间，分局各地弘扬佛法，利益众生。佛教传到中国后，中国人又在其中加入了2位尊者，演变成为十八罗汉。他们都是历史人物，均为释迦牟尼的弟子。

1992年的一个深夜，七八个黑影在茫茫夜色的掩护下，翻进了福胜寺，其中一人将报警系统拆毁后，撬开了主殿的铁锁，而另外几个人则摸到了主殿旁边的厢房，摁住了当时负责看守寺庙的一对母子。

蔺永茂（新绛县博物馆副馆长）：“他们说，你不要动，你动就拿枪打死你们。”

盗贼将看守寺庙的母子俩控制住后，进入主殿的盗贼开始进行抢掠，他们将香炉、烛台、木鱼等能拿走的文物洗劫一空后，还不甘心，又将目光对准了大殿两侧的十八尊金朝罗汉彩塑。

▲ 遭劫后的无头彩塑罗汉

蔺永茂：“他们把十八罗汉的头锯下来盗走了，共 10 个头。”

第二天，民警和县文物局的人赶到了福胜寺，面对没了头的 10 个罗汉彩塑，大家深表惋惜，被盗的可是国宝啊！而此时，负责看守寺庙的母子俩，在遭受了这场惊吓后一病不起，特别是那个 70 多岁的老太太，案发后的第二天就瘫在床上，没几日竟撒手人寰。这等于是间接死在了那几个盗贼手里。民警们忙着立案，追查罗汉头的下落。文保部门则忙着在村里再招募一个看守寺庙的人。人很快就找到了，可还不到半年时间，第二个守寺人竟然也瘫痪在床。无奈之下，蔺永茂等人又开始在光村寻找第三任守寺人 。

福胜寺原本有个和尚，1990 年圆寂后，福胜寺便成了空庙。恰逢那个时

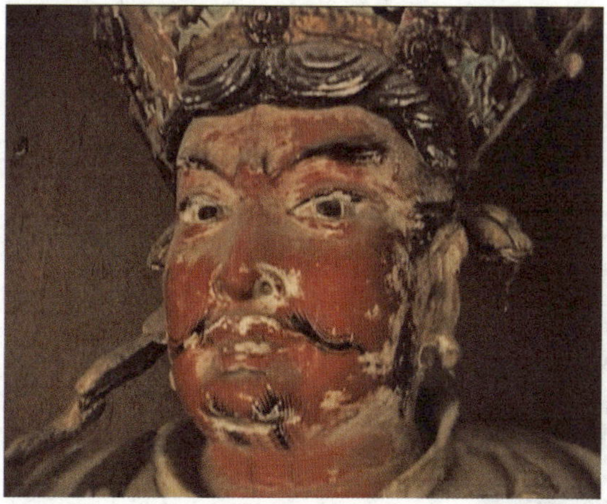
▲ 福胜寺彩塑神像

▲ 珍贵的历史彩塑

候，晋南地区文物盗窃案屡屡发生。

中国的彩塑，最早的在敦煌，除了敦煌以外，就要属山西的寺庙了。

人类社会积淀的艺术很多，反映在绘画、雕塑艺术品上，这些艺术品不是刻意创造的，它是在人们的追求和信仰中间形成的，所以这些彩塑历史价值、艺术价值都非常高，在国外的一些拍卖会上，拍卖的价格非常高。

为了保护福胜寺里的文物和彩塑，新绛县文物保护部门每月挤出60元钱，在光村招收守寺人。但光村的村民，对福胜寺一向有些敬畏，自从遭劫后村里又传出"看寺看寺，不瘫即死"的流言，总觉得这小小的寺庙透着股阴森，再加上工钱少，责任大，没有人愿意干这份工作。

蔺永茂："我们在村里找了十几个人，都说害怕，不敢去。"

找不到守寺人，福胜寺就成了空庙，那岂不净等着盗贼下手偷吗？一想到这个后果，蔺永茂等几个文物保护干部，愁得饭也吃不下去了，就在这时，村里有个人主动找到蔺永茂。

蔺永茂："他说他愿意看寺。"

主动提出要看寺的人叫范临，当年52岁。

范临（文物看护员）："我不害怕。以前黑夜我一个人跑到这里来过。"

原来，范临家就住在离寺庙几十米远的地方，他七八岁那年，村里来了家逃荒的，住进了福胜寺，这家人有个儿子，和小范临年龄差不多大，由于住得很近，没多久，两个孩子就成了小哥们，范临时常跑到寺庙里找人家玩，甚至晚上小哥俩还满院捉迷藏，玩累了范临有时就睡在福胜寺里。虽然过去40年了，但福胜寺给老范留下的依然是美好的记忆，对于村民们那些神鬼怪

▲ 福胜寺看护人范临

谈，他从来就不相信。

圆寂：诸德圆满、诸恶寂灭，以此为佛教修行理想的最终目的。佛教中的圆寂本意是指一种境界，并不是指去世，是功德修满后，灵魂离开躯体重获新生的意思。后称僧尼死为圆寂。

听说老范要去守寺，家里人一致反对。但最终老范还是当上了第三位守寺人。老伴对他不放心，也跟着他一起住进了福胜寺。一套红外报警系统，是福胜寺当时唯一的防护设施，它安装在主殿的上方，如果有人擅自闯入，这个系统就会自动发出警报。范临上任后，他发现仅仅依靠这个警报，根本防不住盗贼，因为一旦盗贼进入寺内，就会轻而易举地将警报线剪断，所以要想防盗，就要把盗贼拦在寺庙之外。可是，福胜寺四周的围墙根本起不到防护的作用。

王国杰（新绛县文物旅游局局长）：“整个寺的围墙，是200多年前的土墙，多年来水冲雨刷，墙已经是很低很低，到处都是盗洞。”

老范知道，要想把这些低矮破旧的围墙加高加固，凭他一个人干不了，如果就这样放手不管，盗贼早晚还会“光顾”的，那时不但大殿里的文物不保，恐怕自己的性命也捏在别人手里了，因而改造围墙成了他上任后的第一项工作。第二天，老范叮嘱妻子看好寺庙，自己一个人拿着工具就出了寺门。福胜寺的后面有一片土山，上面长着许多酸枣树，老范就砍来长满尖刺的酸枣枝为寺院加高围墙、封堵盗洞，为福胜寺建立起第一道防线。

▲ 低矮残缺的福胜寺围墙

▲ 范临为寺院筑造的第一道防线

经过老范一番忙碌，福胜寺那一圈低矮的围墙上，被搞得荆棘密布，犹如铁丝网一般。建立这第一道防线，老范原本想防患于未然，这土制的铁丝网管不管用，他说不准。不过没过几天，老范就找到答案了。

一天晚上，老范正在守夜，突然听到有什么东西砸在了房顶上，发出砰的一声巨响。他赶忙趴在窗户上往外看，结果让他大吃一惊。

范临：“有人从墙外把砖头瓦块砸到院子里，有一个砸在了窗户上。”

老范的第一反应，就是贼又来了，这不禁让他心里有些紧张。但很快，老范就平静下来，他明白了，盗贼之所以这么做，是因为他们被酸枣枝拦在了围墙的外面，进不了寺院，只好往里面扔砖头，想把守寺人吓唬走 。

范临：“他的意思是不想让你在这守着，你害怕了他就方便进来了。”

明白了盗贼的目的，老范索性以其人之道还治其人之身，他打开手电，在窗户上乱照，嘴里还不停地大声吆喝。

范临：“喊一个人的名字，小马你走那边啊，一会你到那边去啊，我从这边过来了啊，就是自己吆喝。”

盗贼原本想把守寺人吓唬走，没想到遇上老范这个胆大的，盗贼反倒给唬住了，搞不清楚这庙里到底有多少人，毕竟是做贼心虚，最后落荒而逃。

老范将盗贼吓跑之后两天，县里来人说，前天离福胜寺几十千米外的一个寺庙被盗了，丢了好几尊佛像，守寺人也受了伤，叮嘱他一定要注意安全。听了这个消息，老范估计是那帮盗贼在福胜寺没得手才把目标转移到了其他寺院，如今他们尝到了甜头，肯定还会再来福胜寺。老范更不敢大意了，原来每天他早中晚要在寺庙里各巡视一遍，这一来，他每隔三个小时，就要各屋各殿地细细看上一圈。这时候老范的心里很矛盾，他怕贼要真来了，偷走了佛像，自己再有个好歹，怎么办？可老范也希望盗贼来，因为只有来了，才有可能把他们抓住。可整整一个月，什么事情也没发生。

一个月后的一天晚上，警报突然响了，老范赶忙向有佛像的大殿跑去。

范临：“我到门口的时候，他们正从门前往下跑，坐上面包车一下就开走了。”

由于天色太黑，老范没有看清这几个盗贼的体态相貌以及车牌号码，但他却意外地在庙门口的地上捡到了一堆东西。

范临：“一卷麻袋。”

借着灯光，老范一数，麻袋有8个，他不禁倒吸一口凉气，因为大殿里正好还有8个罗汉头。

范临：“从麻袋来看，他们是来偷罗汉头的。”

想到这儿，老范赶忙走进大殿，拿着手电细细地检查每一尊佛像，8尊彩塑安然无恙，他这才长出了一口气。

一般寺庙都建在比较繁华的地方，方便人拜佛，香火会旺一点，福胜寺怎么会建在一个村里？原来福胜寺始建于唐朝，唐朝的都城在长安，除了长安之外，它还有另外两个都城，一个是洛阳，另一个是山西晋阳，就是现在的太原，是它的北都。新绛的地理位置，正好在长安到晋阳的中间，再加上新绛位于汾河谷地，物产丰富，是有名的水旱码头，在唐朝的时候，是很繁华的。

虽说8尊罗汉头完好无损，还缴获了8个麻袋，可老范却一点也高兴不起来，因为他发现自己精心设置的墙头防盗系统被盗贼轻易破解了。盗贼用竹竿将土墙上的酸枣枝拨开，一个盗贼翻墙而入，随后又绕到前面，打开庙门，其他人便进了福胜寺。于是，老范赶紧又砍了一些酸枣枝，将土墙上的防护网加高加密，还在每堆酸枣枝的下面都压上大石块。老范想，这些盗贼既然碰响了警报，就说明他们并不知道寺庙里有这个装置，和以前盗走10个罗汉头的并不是一伙人，但他们又似乎对大殿里面的情况有所了解，把目标对准了剩余的8个罗汉头，这意味着他们可能在白天进寺庙踩过点。想到这里，老范不由得后背冒出了冷汗。

福胜寺在光村人的眼里，有些古怪。但外乡人看来，它是一个历史文化遗址。虽然地处偏僻，但不时也会有人参观。福胜寺在白天庙门是大开的，庙门口也是人来人往。大白天盗贼虽然不能明火执仗来偷盗，但他们可能装成游客，进寺庙摸过情况。这次碰响了警报，没得手，盗贼肯定不甘心，很可能还会再来。于是，老范把每天巡查寺院的工作交给了妻子，自己在庙门口，摆上棋盘，和村里的老棋友们“厮杀”起来，而他这么做的目的，是要盯住每一个进入福胜寺的陌生人。

一天下午，老范和棋友们厮杀正酣，庙门口老范养的那只土狗，突然狂叫起来。老范意识到，有生人进了寺院，他抬眼一看，两个年轻人边说话边往山门里走，听口音不是本地人。老范赶忙放下棋局，跟了进去。

两个陌生人在福胜寺里转来转去，老范盯了他们半个多小时，没发现任何可疑情况。也许他们真的是来参观的游客吧？这时，老伴让他去挑担水，老范回了屋，当他拿着扁担准备出门时，发现这两个陌生人，正站在自己屋门口的石碑前，老范一愣，总觉得这两人有些不对劲。

几分钟后，老范担着水回了院，那两个人不见了，老范放下水桶，无意中一抬头，发现了问题。

范临：“警报器的线在下面吊着，是被剪断了的。”

老范断定那两个人就是贼，他追出了庙门，可是人早已没了踪影。紧要问题是把警报器的缆线接上，老范不敢声张，生怕走漏风声，引来其他的盗贼，他赶紧找了村里一个老人帮忙，两个老汉却把聋子又治成了瞎子。

范临：“他们把线头接错了，警报器烧了。县里修警报器的人说，县里也解决不了这个问题，要送到太原去修。”

虽说警报器连夜就送往太原去维修，但至少要二三天的时间才能送回来。

老范心里清楚，这两个盗贼，没准儿就是那天晚上丢下麻袋仓皇逃跑的人，他们上次吃了警报器的亏，今天来的目的，就是要剪断警报器，以便夜间进行偷盗。目的达到了，说不定这两天晚上就会来，怎么办呢？可直到警报器修好装上，一个星期过去了，福胜寺平安无事。老范觉得，盗贼一定是在等待，等他紧绷的那根弦松下来，等待一个最佳的下手时机。一天，老范正在吃饭，听到了山西省南部地区要大风降温的消息，一下子紧张起来。

一条天气预报，会让老范那么紧张，是因为他想起了刚当看护员时，县里领导叮嘱他的一句话：盗贼偷风偷雨不偷雪。刮风下雨的时候有声音，看护员一般听不见，所以盗贼会来。为什么雪天不偷呢？因为容易留下脚印。

俗话说“月黑杀人夜，风高放火天”。老范觉得，今晚的大风天，很可能就是盗贼一直在等待的时机。他把自己的预感报告了村委会。

听了老范的推测，村里决定当晚派一些民兵，协助老范守寺。老范的心里略微踏实了些，不过马上又想到，万一盗贼手里有枪，恐怕民兵不是他们的对手，他还应该把自己的想法告诉县里，以求得公安部门的支持。

范临：“我给县里打了电话。”

接到老范的电话，新绛县文物局非常重视，当即同意协调派出所民警，夜间前往福胜寺守护国宝。老范回到寺里后，把寺院的每个角落细细地查了一遍，还试了试报警器，确定没什么漏洞后，老范坐了下来，等待着天黑。

夜晚，果然起风了，晚上 8 点，派出所的 3 位民警和村里派出的 5 个民兵，都埋伏在了福胜寺的外围。

风越来越大，刺骨的冷，3 个多小时过去了，毫无动静。但埋伏在四周的民警和民兵，眼睛都瞪得大大的，不敢有丝毫放松。老范也打着手电在寺里转来转去，不断巡视。午夜 12 点，整个光村被埋在黑暗中，只有福胜寺老范的住处，点着一盏灯。突然，一声声狗叫划破寂静的夜空，随即灯灭了，人们赶忙向福胜寺围过去。正在巡视的老范，也立即跑向摆放着佛像的主殿，正巧和一个盗贼打了个照面。

范临：“手电筒一照到这个贼，他就跑，我拿着手电筒就追，大喊有贼。”

听到老范的呼喊声，人们立即循声赶过来，几名正准备翻进福胜寺的盗贼闻风而逃，而那名已经进入寺院的盗贼，则在人们的团团包围下无处可逃，被最终抓获。

在讯问中，犯罪嫌疑人交代，他们这个团伙一共 4 个人，听说有人盗了福胜寺的罗汉头，卖了好价钱，才动了贼心。在被抓之前近一年时间里，他们前后来福胜寺好几次，不是被老范吓走，就是碰响了警报器，没有得逞。这回，他们本想利用大风天掩护作案，没想到却被瓮中捉鳖。随后，新绛警方根据这名犯罪嫌疑人的交代，将另外 3 名在逃人员也全部抓获。

▲ 守护寺庙多年的老人依然坚守着岗位

从1993年担任守护员到现在，范临在福胜寺坚守已久。在这些年里，文物盗窃分子针对福胜寺实施的盗抢行动，都被老范凭借智慧和勇气一一粉碎。

2007年，范临被国家文物局评为全国文化遗产保护工作先进个人，他的工资从60元涨到了300元。更令他感到欣喜的是，福胜寺被国务院列为第五批全国重点文物保护单位，县里投入资金将福胜寺进行了修葺，加高加固了围墙，还安装了监控设备。

老范已经会熟练使用监控设备，这样他坐在屋里，就可以看到福胜寺每个角落的情况。不过，多年来养成的习惯，老范还是改不掉，每隔三四个钟头，他依旧要亲自到寺院里的各处转转看看，这样他才放心。

对于光村的村民们来说，老范在福胜寺守寺的这些年，不但保全了国家的文物，祖宗的遗产，还给他们吃了一颗定心丸，“看寺看寺，不瘫即死”这个流言也不攻自破。村民们再也不畏惧福胜寺了，有时他们还会跑到寺院里来，看看祖宗给他们留下的宝贝。

如冰似玉倍受北宋皇帝偏爱与赞赏的汝官瓷，窑火仅仅燃烧了20余年，就带着所有的谜团湮灭在了历史长河中。

清凉寺的秘密

“纵有家财万贯，不抵汝瓷一件”。汝瓷传世最少，据专家统计，目前全世界传世的汝官瓷不足80件。

2000年6月，河南省宝丰县偏僻的清凉寺小村突然热闹起来：大批考古工作者、文物贩子几乎同时来到了这里。因为考古工作者在村民居住的房子地下有了一个惊人的发现：这里有一批千年难得一见的宝物——碎瓷片。

这些碎瓷片被送到了河南省文物考古研究所。

对主持汝窑考古发掘工作已有20多年的孙新民来说，这些碎瓷每一片都价值连城，或许其中的一片碎瓷就隐藏着汝官窑的秘密。因为这些局部闪耀光泽的碎瓷至今依然能显示出当年很高的烧造水平。

汝窑：中国古代著名瓷窑，创烧于北宋晚期，因其窑址在汝州境内（今河南省临汝县、宝丰县一带），故名。汝窑以烧制青瓷闻名，有天青、豆青、粉青诸品。汝窑的青瓷，釉中含有玛瑙，色泽青翠华滋，釉汁肥润莹亮，被历代称颂，有“宋瓷之冠”美誉，又与同期官窑、哥窑、钧窑、定窑合称“宋朝五大名窑”。汝窑开窑时间前后只有20年，由于烧造时间短暂，传世亦不多，在南宋时，汝窑瓷器已经非常稀有。流传到至今的真品，已知的仅77件，非常珍贵。汝窑以传承艺术为己任，采用传统手工制作陶瓷方法，制作一个陶瓷的工序高达13道，手感润滑如脂，似玉非玉。金灭北宋后，汝窑也随之消亡。

▲ 隐藏着汝官窑秘密的清凉寺村

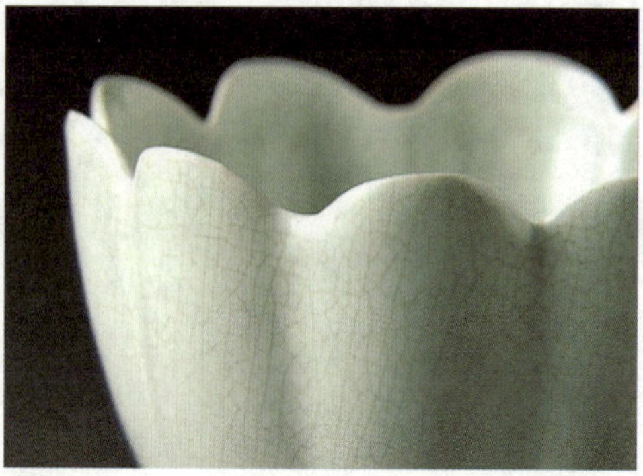

▲ 汝瓷独有的天青色

这些破碎的瓷片到底隐藏着什么秘密呢？

名列宋朝“汝窑、官窑、钧窑、哥窑、定窑”五大名窑之首的汝窑，因地处河南省古汝州而得名，在中国陶瓷史中有“青瓷之首，汝窑为魁”之誉。

这些专为北宋宫廷烧造的御用瓷器，即“汝官瓷”，简称“汝瓷”。汝瓷之所以被称为五窑之魁，就在于它独特的颜色——天青色。

汝窑的天青釉色在北宋时期达到了最高峰，目前还没有发现比汝窑烧得更好的这种釉色。

为了烧制釉色独特的汝窑瓷，工匠们不惜工本，选用名贵的玛瑙入釉，最终使汝瓷呈现出汁如堆脂、面若美玉、莹润纯净、素雅高贵的皇家之气。

历代皇帝都把汝瓷视为吉祥之物，镇宫之宝。南宋文献记载：“汝窑宫中禁烧，内有玛瑙为釉，唯供御拣退，方可出卖，近尤难得”。

到了元、明、清各朝代，汝瓷更是深藏宫中，直至清末八国联军入侵北京，汝瓷才流出宫外。几百年来，汝瓷可谓弥足珍贵，有价难求。

专家介绍，在五大名窑之中，汝窑瓷传世最少。目前，全世界传世只有77件，主要保存在北京故宫博物院和台北故宫博物院以及上海博物馆。

家有万贯，不抵汝瓷一件，这是民间对汝瓷的认识。时至今日，汝瓷的市场价格不断攀升，海内外收藏家对汝瓷更是情有独钟。

1992年，失散民间的一件直径为8厘米的北宋汝窑瓷盘在美国纽约拍

▲ 汝窑瓷盘

▲ 汝窑瓷三牺尊

卖，成交价为 154 万美元；而在中国香港的一次拍卖中，一件宋汝窑三牺尊，以 5000 万港元易主。

烧造汝官瓷的窑址究竟在哪里，它是如何烧造的？为破解谜底，无数古陶瓷专家学者费尽心血。

最早对汝窑瓷的寻找是从陈万里先生开始的。1950 年，北京故宫博物院专家陈万里先生专程来河南寻找汝窑。他跑了不少地方，临汝、宝丰、鲁山等地都走遍了，回去后写了一篇文章《汝窑的我见》。但直到 20 世纪 60 年代，也没有找到汝窑。

“清凉寺到段店，一天进万贯。”这句流传于宝丰县清凉寺一带的乡间俚语诉说了这里曾经的贸易盛况，引起了来此进行调查的考古人员的注意。

20 世纪 80 年代初，一群年轻的考古工作者沿清凉寺到段店进行考察，10 多千米范围内竟发现数十座窑址。但是，却未发现汝官窑遗址的任何线索。

与此同时，当地民间一些酷爱汝瓷的人士，也以自己的方式寻找着汝官窑窑址的蛛丝马迹。

74 岁的王留现老人，家就在宝丰县的大营镇，距清凉寺不足 4 千米。小时候也耳闻这一带有宝藏的传说。

自从他进了县文化馆，就开始把传闻当作一项事业去研究。后来，他被调到陶瓷厂从事陶瓷研究工作，更加留意从田地里寻来的碎瓷片。他不断问自己：汝窑会不会就在清凉寺一带呢？

1985年盛夏的一天，有人告诉王留现，大营镇清凉寺村有户人家的红薯窖塌了，下面露出了一件瓷器。

王留现（收藏爱好者）：“到那儿一看，让我心里一惊：那个东西猛然一见，眼前有一种雾光效应，很短时间就消失了。”

最后，王留现毫不犹豫地借了600元，买下了这件从未见过的瓷器。

但它到底是官窑还是民窑，王留现的心里也没有数。

1986年，王留现带着从清凉寺出土的那件瓷器，参加了在西安召开的中国古陶瓷研究会。会议即将结束时，他找到了著名古陶瓷专家、上海博物馆副馆长汪庆正。

王留现：“他一看，说，哎哟，你怎么不早点叫我看，我离去飞机场只剩15分钟了。他回上海以后，就派人上清凉寺去调查了。”

一年后，王留现意外地接到了一封从上海博物馆的来信。信上说，看到你那件东西基本完整，希望你能够拿到上海和上海博物馆的馆藏汝瓷进行对照鉴别。

王留现立即赶到上海博物馆。经鉴定，那件瓷器就是汝官瓷。

王留现：“汪庆正副馆长跟我说，这个汝瓷洗是国家珍贵文物，应当献给国家。我说，我是河南人，要捐献应当捐献给河南，河南博物馆还没有汝瓷。他说，河南以后一发掘，会得到不少的，河南有的是。”

最终，上海博物馆给王留现颁发了国家文物局的奖状，并发给奖金5500元。王留现老人当年花了600元钱买下的这个汝瓷洗，据说现在的市场价近1000万美元。

1987年5月，上海博物馆依据他们在清凉寺采集到的与传世汝窑瓷器完全相同的46块碎瓷片，和王留现捐献的汝瓷洗，首次向世人宣布了汝窑的发现。

为找到汝官窑的窑址，揭开它神秘的釉料配方和烧造工艺，河南省文物考古研究所，开始对宝丰县清凉寺进行第一次试掘。

▲ 天价汝瓷洗

孙新民（河南省文物考古研究所所长）：“河南省文物考古研究所于1987年10月进行了第一次试掘。当时开了两个探方，发现11件比较完整的汝窑瓷器，从而证实了宝丰县清凉寺就是汝窑的产地。”

10年后的1998年初，考古队对清凉寺窑址进行了第4次重点发掘。

他们先后发现了4座烧制民用青瓷的窑炉，找到了汝窑瓷器的单独烧造区。但是，最为关键的汝官窑的中心烧造区依旧扑朔迷离，一直不肯与考古学家们谋面。

1999年，在发掘过程中，清凉寺有个村民说，他们挖了个地窖，发现一些瓷片。专家们立即赶到现场，捡到了10片汝窑碎瓷。这个意外发现让他们兴奋不已，汝窑的中心烧造区应该是在清凉寺村内。于是，立即报请国家文物局试掘，并很快得到了批准。

但是，面对清凉寺村密密麻麻的民房，孙新民却犯了难。

孙新民：“我们很担心，因为要试发掘，就必须让村民搬迁。当时我们仅仅是在村外的小便道，或者村民的院内进行了局部钻探，还不敢肯定这里就是汝窑烧造区。如果没有发现汝窑，就对不起搬迁的村民。”

最后，孙新民还是决定冒这个险，毕竟，半个世纪的寻找积累的经验，使他们对这次挖掘还是有信心的。

孙新民：“连续5次发掘，前后经过十几年一直没有线索，如今碰见这么好的线索，如果不发掘，汝窑之谜就永远解不开。因此，我们最后下决心，报请当地政府搬迁了4户村民。”

2000年6月，河南省考古研究所组织精干人员，在当地政府的密切配合下，进行了第6次考古发掘，经过近半年的发掘，终于有了惊人的发现。

▲ 清凉寺村考古发现的大量汝瓷片

2000年，专家们开了十几个探方，共500平方米，揭露出当时的窑炉和作坊，瓷片堆积厚度达20厘米。发现四五十种汝窑器类，比传说中的汝窑器类还要多。

毫无疑问，宝丰县清凉寺村就是半个世纪以来，考古学家苦苦寻觅的北宋汝官窑瓷器的中心烧造区。

汝官窑遗址经探定面积大约为25万平方米，几乎全部在清凉寺村内。

这次发掘，共发现窑炉19座，作坊2处，以及水井、灰坑、过滤池、沉泥池等重要遗址。

弥补了长期以来不见汝官窑窑址和实物标本的遗憾，出土文物之丰富也是历年发掘所没有见过的。

中心烧造区汝官瓷的烧制工艺，到底有什么显著的特征呢？

孙新民：“汝瓷有4大特点，一是纯正的天青釉色。这个釉色相当于雨过天晴云破处的颜色；二是香灰胎。它的胎色就像香灰的颜色，这是其他瓷器所没有的；三是奇特的开片，在它的不少器物表面，有一种相当于冰裂纹或者鱼鳞状的开片；四是满釉支烧，这是汝窑所达到的高峰，因为它的整个器物从口、腹到底部全是满釉，只有在圈足的底部，有3～5枚很小的支点没有釉。”

北宋以来，汝窑制瓷工艺一直处于领先地位。它不仅保持了汝窑的传统工艺，又具有自己的独特风格，烧造出一批精良作品，博得北宋皇帝的赏识。

▲ 汝瓷上的冰裂纹开片

▲ 运用“满釉支烧”方法烧造的汝瓷

在一幅古画中，人们可以清晰地看到桌上陈列着许多瓷器，足见那个年代瓷器业的兴盛，而此图正是宋徽宗皇帝亲手所绘的《文会图》。

可以说，如果没有宋徽宗就没有汝窑的辉煌。徽宗不仅书画技艺精湛，还十分喜欢瓷器，是他首先肯定了汝瓷的精美。据南宋史料记载：“本朝以定州白瓷器有芒，不堪用，遂命汝州造青窑器”。这里指的正是徽宗所下诏书“弃定用汝”的决定。

“雨过天晴云破处，这般颜色作将来”。是宋徽宗对汝瓷的最佳赞誉。

然而，汝窑昙花一现，它在短短的 20 年间便消失于战乱的尘烟之中。它的烧制工艺也随之失传，后来的工匠们再也烧制不出同样的精品了。

开片： 本为瓷器釉面的一种自然开裂现象。开裂的原因有两种：一是成型时坯泥沿一定方向延伸，影响了分子的排列；二是坯、釉膨胀系数不同，焙烧后冷却时釉层收缩率大。因此开裂原是瓷器烧制中的一个缺点，但人们掌握了开裂的规律而制出的开片釉（即裂纹釉），反而成为瓷器的一种特殊装饰了。宋朝的汝、官、哥窑都有这种产品。开片又称冰裂纹，按颜色分有鳝血、金丝铁线、浅黄鱼子纹，按形状分有网形纹、梅花纹、细碎纹等。自然的开片，则是瓷器历年既久，表面釉层渐渐内裂。

清朝康熙、乾隆年间，瓷器烧造蔚然成风，大规模地仿烧也使北宋五大名窑中的官窑、哥窑、钧窑、定窑四大名瓷重回人间。只有价值连城的汝官瓷，因为没有留下烧造工艺的片言只语，找不到任何要诀，从而使历朝历代争相仿烧汝瓷的工匠们，费尽力气也未能成功。因而，世人便有了“造天青釉难，难于上青天”的说法，这更加给汝官瓷蒙上了一层神秘的色彩。

那么，今天的陶瓷艺人们能否破解汝瓷的烧制之谜呢？

从 1972 年就开始尝试恢复汝瓷烧造技术的汝州人朱文立知道，仿汝窑难，难就难在仿其釉色上。他从汝瓷片和书本中不断地搜寻着与汝官瓷有关的一切信息。

朱文立从一个活人祭窑的民间传说中悟到，天青釉色或许跟骨头有关。

朱文立（制瓷专家）：“骨头的成分是磷和钙，是不是磷和钙对天青色起到主要作用呢？因为磷和钙本身不是作色剂，我就用各种骨头来试，包括猪骨、羊骨、牛骨等。把它搁到火里烧，但一直出现不了这种天青色。后来把它兑到釉色里，重量一两一两逐渐往上添，但是，烧出来的结果一点天青色也没出现。”

无数次的失败，让朱文立真正体会到了“烧天青釉难，难似上青天”这句话的意义。

1987 年 4 月，朱文立决定再试烧一窑，如果再不成功，就永远不烧什么天青色瓷器了。

这一窑连续烧了三天两夜，停火一看，最先取出来的瓷器仍然是豆青色，朱文立彻底泄气了。

朱文立：“经过 5 年的努力，全都白费了。连续烧了三天两夜，把我熬得非常狠啊！我回家蒙头睡了几天，啥也不想，铁了心这个项目永远不再进行了。”

然而，奇迹出现了，在那一窑所装烧的 100 多件瓷器中，置于窑中间的瓷器出现了 4 件天青色。

为什么只有 4 件呈现出天青色，而其他却不行呢？这种神秘的窑变到底是怎样发生的？为找

窑变：主要指瓷器在烧制过程中，由于窑内温度发生变化导致其表面釉色发生的不确定性自然变化。凡在开窑后发现不是预期的形状或釉色，甚至是传世瓷器有时发生特异的情况，都可称作“窑变”。因窑变釉出现出于偶然，形态特别，又不知其原理，所以又有“窑变无双”的说法，意思就是窑变釉变化莫测，独一无二。

▲ 运用现代工艺烧造而成的“天青釉”汝瓷

到准确答案，朱文立又连续烧了几窑。

终于，他发现了汝瓷窑变过程的秘密。

朱文立：“随着温度下降，它会发生神秘的变化，即停火以后，随着窑温的下降，瓷器的颜色也在发生变化。当窑温开始下降60度，瓷器的颜色变成月白色；再下降60度，就变成蓝色；下降800度取出后，就是天青色。烧制汝官瓷为什么难呢，因为它不但在烧的过程中窑变，烧成停火以后还在窑变，釉色神秘莫测。”

朱文立经过5年多的研制，先后调试配方328个，在1500多次的失败后，于1987年5月，终于使汝官瓷的“天青釉”重回人间。

但是，有一个无法改变的事实是，从800多年前的北宋到今天，“雨过天晴云破处、这般颜色做将来”的“天青釉色”还是时隐时现，它的出现最多只占到一窑百件瓷器中的10%，也就是说，现代汝窑精品在烧成工艺上仍有“十窑九不成”之说。

孙新民：“现在有10余个厂家在仿烧汝瓷。但目前还达不到北宋汝窑瓷器的效果。釉色要么直蓝，要么偏淡，都达不到纯正的天青色效果。尽管现在科学比较发达，对汝窑瓷片的多种成分测试得很清楚，但要达到宋朝汝瓷天青釉色的效果，目前还做不到。”

汝瓷烧造非常不易，它对釉料的配方和火候的掌握都有极其严格的要求。每件瓷器坯在窑中所处的位置不同，受热程度不同，产生的窑变效果也不一样。即便有了现代科技的帮助，仍然很难对窑内温度进行严格控制。面对一次次的失败，研究人员在感叹汝瓷烧造工艺难度之大的同时，更为古代工匠们的智慧所折服。

稀世珍贵的汝窑，通过人们近千年的探寻，终于揭开了它神秘面纱的一角。而现代研制的汝瓷，也以大气、典雅、宁静的气质，和不带任何华丽装饰的自然、纯净之美，被世人所追捧。

一年中大多数时间，庐山诸峰在缥缈不定的云雾中忽隐忽现，仿佛天上的瑶池飘落人间，仍旧带着恋恋不舍的仙气。古往今来，这座大山不知折服了多少英雄和才子，亦不知见证过多少幕历史大戏。

▲ 云雾中的庐山

人文圣山

一、开　山

▲ 庐山博物馆

在庐山博物馆的化石陈列室里，石头们安静地讲述着，关于这座山是如何被孕育的古老故事。

10亿年前这里原是浅海沉积的古老地层，经历几次反复的抬升和陆沉，最终才浮出水面。此后2000多万年前的“喜马拉雅造山运动”中，地层开始断裂，裂隙处在地壳的挤压下缓慢上升，初现山的形态。到了距今300多万年前，这个山谷同地球上其他地方一样，经历着冰川世纪。

这时，大地忽然开始抖动，巨大的冰层推搡着已经不堪重负的岩石和沙砾跌下山崖，沉睡的冰河开始苏醒。

这就是科学家所说的——第四纪冰川运动。

冰河之下暗流涌动了几百万年，自然界的秩序重新被书写。崭新的和更高大的植被开始覆盖山野，谷地被冲刷得更加开敞平缓。潺潺溪流，层层跌落在山隙与低谷中。那些散落于山间的冰河世纪遗迹，凝固成了一种极其罕见的风景。

自然造化恩宠于斯。在一马平川的长江中下游平原，庐山拔地而起，襟江带湖，峰险涧深，云蒸霞蔚，自成一派风姿。它的四周，匍匐着低矮的丘陵，无边的原野，苍茫的江湖。世代繁衍在此的人们，也有赖青山的惠泽，春种秋收，夏忙冬藏，休养生息，洋洋自得于天地之间。

据史学家考证，早在新石器晚期，庐山周围便有人类生活。先民用无数的神话传说勾勒着他们看到的大千世界，至今仍在高山低谷间随风传颂……

庐山流传最广的当是匡俗的故事。周武烈王时代，一个叫匡俗的人进庐山求仙学道，天子请他出山，匡俗拒不肯从。当人们找到匡俗的住处，只见到一间茅庐，匡俗从此不知所终。

庐山之所以叫庐山，又或叫匡庐，就是因为这个叫匡俗的人。

关于“庐山”二字何时最早见诸文字，说法不一。近代学者王国维曾考证得出，早在战国时期一本名为《竹书纪年》的书中就有“王南巡狩至九江庐山”的记载。可对于今天的中国人来说，“庐山”这两个字之所以耳熟能详，却是始自一位书写历史的汉朝人——司马迁。

▲ 司马迁在《史记》中记载了他的感慨

公元前126年，汉武帝元

朔三年，一个年轻人在远离中原的庐山上进行着他人生的探索。他站在山巅，眺望传说中大禹治水时疏理过的九江。30 年后，他为这次经历写下了 10 字的感慨："余南登庐山，观禹疏九江"。

他，就是太史公司马迁，而那部写下庐山名字的奇书便是被誉为史家之绝唱的《史记》。今天，司马迁所登的庐山主峰大汉阳峰上仍有禹王台等遗迹，及后世碑刻追忆大禹的对联。

"庐山"第一次正式登上历史舞台，竟是由这位伟大人物和这部经典史书来为它报幕。正因为这 10 个字，庐山永别了蛮荒蒙昧的时代。

220 年，辉煌了 400 余年的大汉王朝宣告谢幕。随着北方游牧民族的日渐强大，4 世纪前叶，华夏文明的中心被迫由中原向长江中下游偏移。这场持续了 2 个世纪之久的大迁徙，史称"永嘉南渡"。

此时的庐山，尽管已被载入正史，但在华夏文明圈中仍是座名气甚小的山岳。正是这场前所未有的文明大迁徙，引发了一系列连锁反应，庐山大步跨入它的人文历史，从此成为中华文化史上一个再也无法忽视的焦点……

据统计，遍布庐山的摩崖石刻共有 900 多处，在这些潇洒遒劲的字迹，酣畅淋漓的诗文背后，记录着生命与大山的一次次相遇。在庐山剪刀峡，游人们往往不会留意到，在一块斑驳的岩壁上，竟然浮现着一幅画像。纵是年代久远，风雨剥蚀，仍然可以看出，画中是一位端坐的僧人。这位僧人与庐山又有着怎样的渊源呢？

几千年来，亚欧大陆上游牧民族和农耕民族之间一直进行着南北向的碰撞和互动，与之相随的，是异域文明之间的对话与交融。2500 多年前，在遥远的恒河流域，一个影响亚洲乃至世界的宗教——佛教开始自西向东传播和蔓延。及至东晋时期，佛教在中国已有 300 年的历史。

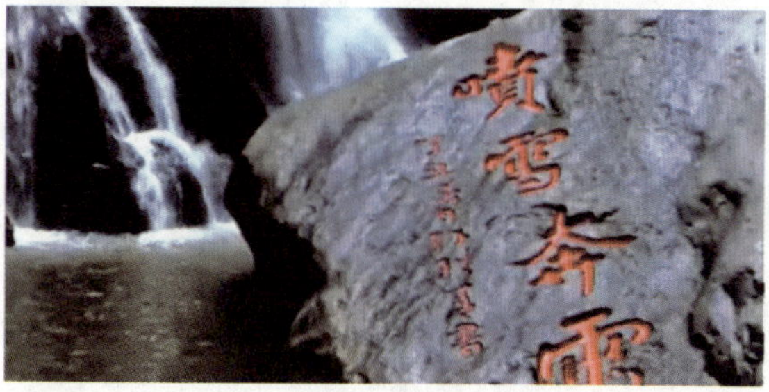

▲ 庐山摩崖石刻

▲ 庐山脚下的东林寺

尽管当时的佛教已经受到王室贵族的关注，但日益逼近的强胡马蹄，终究盖过了诵经佛鼓。378 年，前秦 10 万大军兵围襄阳。城内，高僧道安不得不遣散门徒。历史记载，厚爱门徒的道安，谆谆教导嘱咐了每个即将远行的弟子，可当来自山西武宁的门徒慧远向他叩别时，他却缄口不语，当慧远询问原因时，道安只说："如汝之人，岂复相忧？"

来自遥远大陆的佛教，在与中国本土文化 2000 年的融汇中，其深奥的哲理和晦涩的经义早已被重新诠释和改造，变得更为大众所接受。善恶因果，祈求世界圆满，家人平安幸福这些人类最纯朴的思想，在中国人心目中根植下来。

如果追溯这一流变的源头，必须提到位于庐山脚下的寺庙——净土宗祖庭东林寺。它的奠基人，就是 1600 多年前远行至此的慧远。

381 年晚春，已游历 3 年的慧远专程来看望西林寺的住持，他的同门师兄慧永。

初到庐山的慧远，几乎游遍了山间的景致。史料记载，他经常到庐山的幽谷中，共清泉流瀑之声，凝神于巨石之上，冥游于物我两忘的境界。慧远大师留存至今的五言诗《游庐山》中最后两句说道："孰是腾九霄，不奋冲天翮。妙同趣自均，一悟超三益。"这样身临其境的豁然超悟，令慧远深感尤胜于儒家修身的"三益"之法。他为庐山写下洋洋 600 字的《庐山记》，被认为是第一篇完整描述庐山景致的散文。

从一诗一文中，我们可窥匡庐的山山水水是如何荡涤着这颗超越红尘之心。就这样，慧远决定留在庐山。

386年，久慕慧远大名的地方官在西林寺东边为他建造了一座寺院，名为东林寺。从此，慧远卜居庐山36年，直至往生。

据历史记载，慧远出家前，是位饱学的儒生，聪慧过人。《高僧传·卷六·释慧远传》这样描述他："少为诸生，博综六经，尤善《老》《庄》"。21岁时，慧远被高僧道安讲经所折服，顿悟后皈依佛门。

西元7世纪以前，悉昙梵文就已兴盛于印度，魏晋时，随佛典传入中国。但大部分中国僧侣初见这些高深莫测的文字，既难读懂，又难口诵，加之解读方法的不一，导致了佛经翻译的混乱。于是，慧远派遣弟子西行取经求法。并亲自邀请尼泊尔、古印度以及居住在长安的中外高僧齐聚庐山，在慧远的主持下，他们耗时数载将经书译成汉文。魏晋200年间译出的佛教典籍700多部，在东林寺翻译的几近三分之一 。

慧远凭借渊博的学识并没有止步于对佛经的翻译。佛教至东晋时虽在中国已有300年历史。却始终未能成为主流文化，对于大部分中国人来说，这是个晦涩难懂的外邦信仰。

于是，在传播佛经的过程中，慧远开前人未有之先例，将当时本土最为流行的儒学、道学、玄学3门学问同外来佛家思想糅合在一起。自然渗透，悄然融合。经过他重新解读的佛学变得广为社会各阶层所接受。这就是后世所说的"佛教中国化"与"佛教社会化"。

卜居东林寺的36年间，慧远还将佛教的业报轮回思想结合中国本土文化重新做出诠释。他告诉人们，因为精神不灭，所以有因果报应。这个观念，影响深远，直到如今。慧远还告诉大家，诚心向佛的人死后，可以转生西方"净土"。这就是今天"净土宗"的缘起。慧远也因此被后世奉为净土宗的初祖。

就这样，来自印度的佛教，在慧远的改造下，充满了中国文化的元素，这为佛教中国化奠定了坚实的基础。

东晋时期，中国佛教史上便有了这样的划分——以西域高僧鸠摩罗什所居住的长安为中国北方佛教圣地；与之比肩的，是高僧慧远居住的庐山，为南方佛教圣地。

慧远圆寂于416年，他的灵骨塔就安放在东林寺旁。

慧远走后近半个世纪，中国进入动荡离乱的南北朝分裂时期。因为乱世中人对于未来的不可预知，宗教热忱在大江南北甚嚣尘上。外来佛教和本土道教之间对主导宗教地位的争论日渐激烈。

444年，在中国北方，爆发了史称北魏灭佛的事件，而在中国南方，宗教辩论成为佛道争锋的主要方式。

467年，南朝宋的都城建康迎来了全国瞩目的一次宗教论战，论战一方是号称南朝四百八十寺中遴选出的高僧，而另一边，却是在皇帝几道御诏之下，勉强上场的一位道人。但他一开口，对佛道两教辨析之深刻，知识之渊博令所有人莫不叹服。他叫陆修静，来自庐山。

461年，年过半百的陆修静云游至庐山。遍历名山大川的他站在金鸡峰下，被这山谷的气象所吸引。道教崇尚自然，清静虚无。谷中的简朴寂然，正切陆修静的心境。自此，他便隐遁在这里，著书立说，采药炼丹，植松种竹。一待便是7年。

他为什么会选择在庐山住下？这与庐山的自然环境和人文环境有关。庐山东临鄱阳湖，北濒长江，有雄伟挺秀的山峰，瞬息万变的云海，飞流直下的瀑布，加上空气新鲜，环境宁静。这种远离尘世的气氛，历来被道家、佛家视为修行的理想场所。

今天，到庐山的游客必到的景点之一就是仙人洞。20世纪50年代，毛泽东题诗中“天生一个仙人洞”更令它扬名四海。许久以来，仙人洞是供奉道教吕祖的府第，人们到这里焚香叩拜，祈求平安幸福。但并不清楚，本土的道教文化能够兴盛不衰，莫不与1600多年前，陆修静在庐山所做的一系列努力息息相关。

▲ 庐山胜景仙人洞

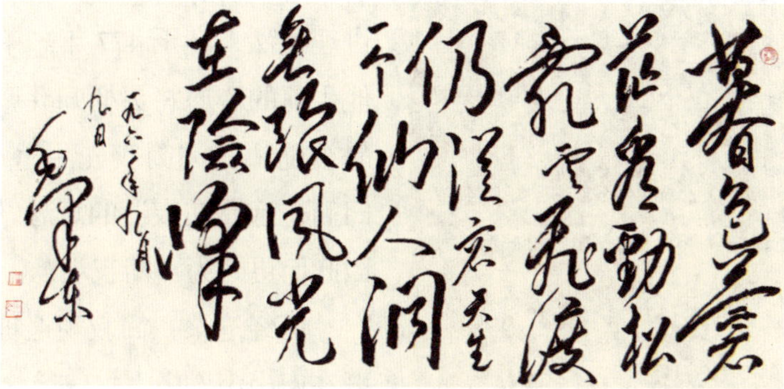

▲ 毛泽东为仙人洞照题写的诗词

道教是中国土生土长的宗教。但一直以来，它却只是以简单的方式在民间流传。其谱系、仪式、方法以及思想，都显得零碎和杂乱。

这一切，却因为陆修静隐居庐山的岁月而发生了根本性的变化。

面对道教经书散落民间的混乱局面，在庐山的 7 年里，陆修静对天下道藏进行了前所未有的全面搜集和整理。收集整理道经共计 1000 多卷。他将收集的道经分为 3 个大的部令：《洞真部》《洞玄部》《洞神部》，叫总括三洞。447 年，陆修静整理道书，把经书目录命名为三洞经书目录，这是道教史上最早的道书总目录，也是最早的道藏目录。

对道教典籍汇总之后，陆修静又开始创制统一的道教仪式，编纂斋戒、仪范等书100余卷，包括道教的组织形式、行为规范、斋醮仪式等。使道教的神氏谱系及理论典籍，开始整齐划一。

由于陆修静的一系列改革举措，道教由民间开始步入殿堂。陆修静也被后人尊为南方道教的宗师。而他在庐山南麓修建的太虚观，及至北宋，一直是南方道教规模最大也是最重要的宫观和修炼场。兴旺时，观内道人达五六百。

当庐山北麓经慧远的努力而成为南方佛教中心之后，庐山南麓也因陆修静的努力而成为南方道教中心。同一时代，同处一山，佛道两教，既对峙，又同尊。

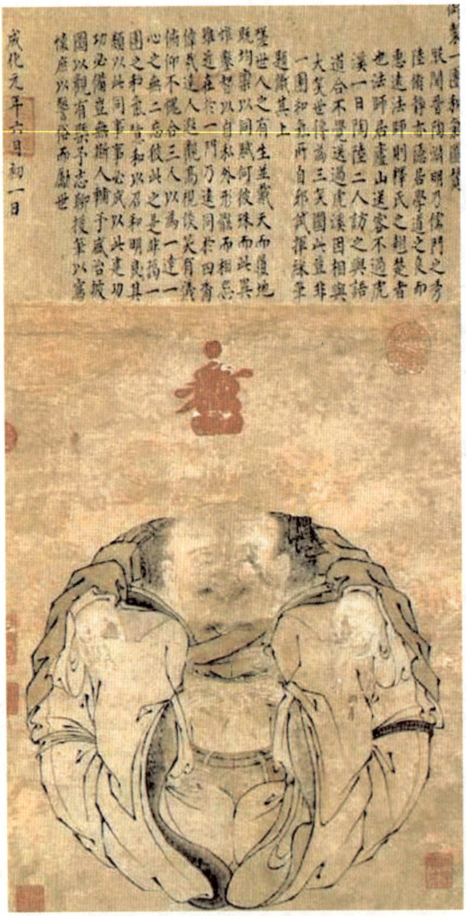

▲ 御制一团和气图

此后，陆修静被天子召入都城，讲理说法，卒于477年。弟子们遵照他生前的心愿将灵柩归葬庐山。陆修静被追谥为“简寂先生”，取“止烦曰简，远嚣在寂”的意思，太虚观也因此而更名为“简寂观”。

历经沧桑，简寂观遗址今天就隐匿在庐山山坳中。

外来佛教的中国化和民间道教的殿堂化，几乎在同一时代于庐山完成，并由此各自走向成熟。这在中国文化史上是一件大事，也是中古文化结构一次意义深远的调整。

如果说，司马迁的史记为庐山展开了人文历史的长卷，那慧远、陆修静，就是为庐山文化率先起笔的两位先贤。这样的开山，并无电光石火，天崩地裂。然而于无声处，一个属于伟大民族精神世界的山岳在层累堆积中拔地而起。

1464 年，北京紫禁城内。刚刚即位的明成化帝，亲笔绘制一幅图画，该图乍看上去为一人哈哈大笑，仔细看，却是 3 个紧紧抱在一起的人。“合三人以为一，达一心之无二，忘彼此之是非，蔼一团之和气。”

时至今日，人们仍然很喜欢这幅图画，因为它寓意着吉祥与和谐。这是人类千百年来不变的祈愿。《御制一团和气图》的题款清楚地交代了 3 位画中人的姓名——3 个人都来自庐山。其中两个正是慧远和陆修静。而那个身形模糊的第 3 个人是谁呢？

正是因为这个人的到来，庐山“儒释道”和谐共处、色彩缤纷的人文历史方拉开大幕。

二、归　来

在整个人类社会发展史中，“隐士”是一个十分独特的人文现象。而中国的隐士阶层其行为之怪诞，动机之复杂，对国家社会影响之深远又是极其特殊的。

隐士：就是隐居不仕之士。不仕即不在仕途，终身在乡村为农民，或遁迹江湖经商。真隐士的人格特点是寻求诗意的栖居，是人性的一种回归，是对仕隐情结的一种解脱。是由外界对本心的干扰程度而言的，外界对本心干扰的程度越是大，就越能守住本心的称隐。

学术界普遍认为，“隐士”出现的一个重要原因与彼时的社会政治生活息息相关。魏晋南北朝，恰是中国历史最黑暗最混乱的时代之一。战乱频发，宫廷倾轧激烈，门阀制度森严。

“邦有道则见，无道则隐”。面对肃杀的政治局面，外行孔孟，内修庄禅的中国文人于无奈中纷纷寄情山野，他们不只是寻找自己的栖息之地，同时也在寻找自己的精神家园。而位于长江中下游平原的庐山，也以它突兀孤立的姿态吸引着各路逃离现实的来客。

匡庐在大山大水间孕育的壮阔之美不知令多少迷途的心灵得以释怀，于是，有人便再也不忍离去。著名的柴桑翟氏人家，据说在庐山一隐便是 4 代。

▲ 庐山

高僧慧远在东林寺发愿组织白莲社，据说半数以上成员都是庐山周围的隐者。

与其他隐士不同的是，庐山并非陶渊明刻意选择的遁世场所，只因为这里是他的家。

陶渊明的家乡上京，位于庐山南麓。近山临水，平畴旷然。时至今日，漫步在村落之中，随处可以感受到田园生活的祥和。1600多年前，陶渊明出生在这里的一个显赫人家，但到他这代已经家道中落，纵使如此，他深受家庭熏陶，年轻时也立志功名。

五斗米道：道教早期的重要流派，张陵于126—144年创立。208年，五斗米道的经典《老子想尔注》问世，把黄老理论、儒家学说、长生不老、民间信仰熔为一炉，把天、地、人、鬼、神以道贯之，使五斗米道得到进一步发展和完善。五斗米道以尊奉黄帝和老子为基本信仰，把信行真道作为修行的主要目标，规定道徒的基本义务是奉守道戒，处世原则是清静无为。这些特点，对后世道教的发展奠定了基础。

就在魏晋清谈尚玄之风甚盛，隐逸文化几成显学的时候，陶渊明却并不在其列。相反，他高唱着“猛志逸四海”，在年近30之际，终于等来了他人生中第一次入仕的机会。

庐山脚下的九江古称“江州”，又名“浔阳”。393年，江州刺史是王羲之的儿子。王家世代信奉五斗米道，据国学大师陈寅恪考证，浔阳陶家同样世代信奉五斗米道。也许是出于共同的宗教信仰，也许是名门之后的缘故，陶渊明被委以重任——江州祭酒。但不久，陶渊明辞去官职。

如果说，陶渊明第一次与官场的分手还算友好，而随后几次却是伴随着魏晋时期的混乱与杀戮。

400年，陶渊明投入桓玄门下做属吏。这时，桓玄正控制着长江中上游，窥伺着篡夺东晋政权。陶渊明察觉后自然不肯与之同流，翌年借故辞官而去。

▲ 陶渊明的家乡陶村

402年，桓玄举兵攻入建康，夺取东晋军政大权。随后公开篡夺了帝位，改国号为楚。

第二年，建军武将军、下邳太守刘裕自京口起兵讨桓平叛。这一次，陶渊明离家投入刘裕幕下任镇军参军。

刘裕战胜桓玄后，平定朝歌的一系列做法让陶渊明一度引为知己。但逐渐，刘裕党同伐异，剪除异己的做法让陶渊明深感失望。

405年初，陶渊明转投时任江州刺史刘敬宣门下任参军。3个月后便草草辞职。同年秋，他在叔父介绍下出任彭泽县令。

▲ 陶渊明画像

短短的13年里，陶渊明5次出仕，每次都是任职不久便辞官归去。尤其最后一次，才做了83天的彭泽县令。据《晋书·陶潜传》记载，只是因为他不肯穿官服去迎接前来视察的官员，留下了一个“不为五斗米折腰”的典故。这一次回乡途中，他写下了

田园诗：以农村景物和农民、牧人、渔夫等的劳动为题材的诗歌。东晋大诗人陶渊明开创了田园诗体。到了唐宋时期，田园诗成了隐居不仕的文人以田园生活为描写对象的诗歌。田园诗和边塞诗并称唐朝开元、天宝年间两大词派。陶渊明的田园诗数量最多，成就最高。王维则是盛唐山水田园诗派的代表人物，在中国诗歌史上具有重要的地位。

三教合一：指佛教、道教、儒教三个教派的融合。儒、道、佛是中国传统文化的主体，三教的分合是贯穿近2000年中国思想文化史中一股重要的支流。明朝时有了明确的“三教合一”概念。晚明的林兆恩创立以儒为主体的三教合一宗教——三一教，宣称“以三教归儒之说”，使三教合一概念的内涵有了质的飞跃。

著名的《归去来兮辞》。

正如梁启超说：“陶渊明在官场里混那几年，像一位一生爱好自然的千金小姐，强逼着去倚门卖笑。那种惭耻悲痛，真是深刻入骨。一直到摆脱之后，才算得着精神上的解放。”

405年，陶渊明归来故乡庐山，就再也没有离去。而他的这次归来，无疑对中国文化史起到了重要的作用：面对彼时醉心清谈尚玄，做寂寞孤傲状的中国隐士群体，陶渊明指出了一个人与自然和谐共处的最佳契合点——田园。同时，陶渊明开创的田园诗也从此发扬于庐山，历经时光洗礼，成为中国诗歌最重要的流派之一。

回乡后，陶渊明闻鸡起舞，荷锄晚归；与邻人把酒议桑麻；同朋友登高赋诗；享受一醉方休的快意。家中有无弦古琴一张，与朋友把酒相聚时，他竟也抱琴相和。

“但识琴中趣，何劳弦上声”，陶渊明超越世俗的情怀并不是每个人都能体会的，但此时，居住在庐山北麓东林寺的高僧慧远将赞许的目光投向陶渊明。正因为这两位文化巨人的相遇，中国历史上便有了一段流传至今的佳话——虎溪三笑。

据说，东林寺前有一条小溪，因慧远大师驯养一头神虎，故名“虎溪”。相传慧远居东林寺时，送客从不过溪。但有一次，因与陶渊明及山南的道长陆静修畅谈义理，兴犹未尽，不知不觉过了虎溪，以致慧远所驯养的神虎马上鸣吼警告，3人相顾大笑，欣然道别。这个故事经唐宋文人绘图作文，大肆渲染后，影响甚大。因为此3人恰分属三教，又均是开先河者，及至明朝时，明成化帝还依此传说，亲笔绘有《御制一团和气图》，寓意儒释道三教合一，天下和谐的愿望。

事实上，从时间推算，陶渊明归隐时已40有余，而陆修静还只是个十几岁的孩子，因此，“虎溪三笑”终究是个意味深远的传说。

但陶渊明与慧远大师的确相识。史料记载，陶渊明的家宅和耕地距东林寺咫尺之遥。陶渊明高风亮节，慧远学识渊博，二人以文会友，彼此欣赏，过往甚密。当慧远邀约123人结成“白莲社”，发愿诚心向佛时，力邀陶渊明入社，陶渊明以自己喜喝酒，不方便修佛为由谢绝了邀请。为此，慧远竟然破戒允许陶渊明带酒入寺。

纵是如此，陶渊明终究没有加入白莲社。在他思想里，人的前生来世都不重要，重要的是享受当下生活的快乐，做回真实的自己。

陶渊明就在这样的生活中，登高呼啸，直抒胸臆；临流赋诗，真情如水。故居的东皋、斜川、康王谷都在他的诗中自然走出，匡庐的峰峦、烟云亦在他的诗中若隐若现。承载他生活的田园，更是以其无比的天然和朴素，铺展在他无数的诗文之中。可在陶现存的诗文中，却从未提及“庐山”二字。

文化学者于丹认为，陶渊明一辈子没有远离庐山，有时称它南山，有时称它西山，因为他几次迁徙都在这个山周围。但是，他没有一次提到庐山的名字，这是一种忘却，一种淡远；他不需要拿这座山标榜，不需要给它一个名分，给它一种炫耀，给它一种和自己明确的关联。陶渊明在这个世界上隐逸的文化是什么呢？是他尽可能地模糊掉了他与世界的关联，他不需要世界给他名分，也不需要炫耀他跟世界的关联，我想这就是他没有明确提过庐山的一个理由。

今天，上京小山上的石头上有人形凹印，传说是陶渊明当年喝酒长醉不醒而卧出的痕迹。栗里陶村取名“柴桑”二字的简易石板桥，据文物学者考证，魏晋时期就已存在，当地人坚信，当年陶渊明就是从这座桥上进出村庄的。

庐山遍布陶渊明的足迹，也到处都有关于陶渊明的传说。他将尔虞我诈的官场、纷扰的尘世，乃至自己青年时的理想统统关在柴扉之外。

421年，陶渊明曾经戎马追随的刘裕杀晋恭帝后自立为王，建立了刘宋王

▲ 魏晋时期就存在的陶村简易石板桥

朝。这一年，早已不问世事的陶渊明将自己的名字改为——陶潜。

刘宋王朝建立的次年，陶渊明写出了一篇不足400字的短文《桃花源记》。《桃花源记》所描绘的是一幅与当时社会实况截然不同的画面。

他所勾勒的那个桃花源，与人们寻常的所见所闻如此接近：土地平旷，屋舍俨然，有良田美池桑竹之属，阡陌交通，鸡犬相闻，童稚天真，乡人热诚，来了客人，设酒杀鸡进行款待，恍然让人生出“不知有汉，何论魏晋”的感觉。它展现的是没有剥削压迫亦没有官家骚扰、无关世事变化的乡村生活。

▲ 陶渊明的《桃花源记》

然而，对于桃花源究竟是否真实存在，又在哪里的猜测，历代学者对此众说纷纭……

康王谷是庐山主峰大汉阳峰西面最长的一条山谷。从陶渊明的家走出，翻过一座山就是了。这道深长的峡谷沿清溪而行，山重水复处，时时有柳暗花明。行至谷深处，有泉水从山崖跌宕而下，那便是庐山最著名的谷帘泉。它被唐朝茶圣陆羽认定为“天下第一泉”，泉水甘甜清洌，爽口无比。

康王谷原叫作庐山垅。当年秦国灭楚，楚怀王之子楚康王被秦将追逐到此。正在走投无路间，突然天下大雨，秦将却步，康王得以脱险。从此这位流亡的康王便隐居在这里，康王谷由此而得名。这段传说，与陶渊明文中所述几达一致。

陶渊明的一生，大部分时间都在家乡度过。他的足迹几乎遍及庐山及四周。直到今天，庐山附近的人们都坚信，陶渊明当年真的曾经来此漫游。他翻过家门口的山，走进了深谷。他看到了田园，被邀请进了农舍，享受到热诚的招待。他感慨万千，才从容命笔。康王谷的环境和氛围唤起他对理想生活的一种崭新诠释。

桃花源当然只是一个空想，但这个美丽的空想却将世人生活的理想以及价值观提高到一个全新的境界。这是个让人无限憧憬的境界，是人们相信通过努力可以抵达的彼岸。

然而，怀着如此美妙之理想的陶渊明，却在贫病交加中走向生命的尽头。

427年，初冬的寒气隐隐袭来。陶渊明仿佛心有所知，他以坦然的心情，为自己写下《挽歌诗》3首和《自祭文》1篇。希望自己死后“不封不树”，愿自然而来，自然而去。值得一提的是，垂暮之年的他却在阅读《山海经》后写下这样的诗句：“精卫衔微木，将以填沧海。刑天舞干戚，猛志固常在”。不知这位隐者为何在他生命的最后却又心生豪情。

两个月后，他病逝于家中。

陶渊明的离去，在魏晋时期并未引起关注。南朝刘勰著《文心雕龙》，搜尽前朝历代的名士

精卫填海：相传太阳神炎帝有两个女儿，大女儿的名字叫瑶姬，小女儿的名字叫女娃。一天，女娃驾船游东海而溺亡，化为一种鸟，称为精卫鸟。精卫衔草石投入东海，发誓要填平东海。陶渊明的《读山海经》诗把区区精卫鸟与顶天立地的巨人刑天相提并论，其间生发出的悲壮之美，千百年来震撼着人们的心灵。而精卫鸟坚韧不拔的精神也正是我们民族精神的一种象征。

文心雕龙：南朝文学理论家刘勰创作的一部文学理论著作，是中国文学理论批评史上第一部有严密体系的、体大而虑周的文学理论专著。全书以孔子美学思想为基础，兼采道家，全面总结了齐梁时期以前的美学成果，细致地探索和论述了语言文学的审美本质及其创造、鉴赏的美学规律，包括“总论”“文体论”“创作论”“批评论”“总序”等5部分。

▲ 李白画像

佳作，却独对陶渊明只字未提。但随着时光流转，陶渊明的诗流传开来。自唐以来，众多诗家对他推崇备至。尤其大诗人李白，将陶渊明引为千古知音，恨生不能逢，只得寄情于诗中：“清风北窗下，自谓羲皇人。何时到栗里，一见平生亲。”及至宋朝，陶渊明的声名已如日中天。

欧阳修盛赞《归去来兮辞》说：“晋无文章，唯陶渊明《归去来兮辞》”；王安石对陶渊明的诗评价说：“有诗人以来无此句者。然则渊明趋向不

▲ 欧阳修盛赞陶渊明《归去来兮辞》

▲ 王安石高度评价陶渊明的诗

▲ 辛弃疾赞陶渊明

▲ 陶氏宗谱

群，词彩精拔，晋宋之间，一个而已”。辛弃疾则赞道：“须信采菊东篱，高情千载，只有陶彭泽”。

陶渊明是晋南北朝年间最杰出的诗人，也是杰出的辞赋家与散文家。陶诗今存 125 首，文章 12 篇。

今天，庐山脚下，陶渊明故乡的村子里住着很多陶姓村民。他们供奉着祖宗家谱，以此证明自己是陶渊明后人。

在庐山余脉面阳山一处偏僻的小山坡上，参天苍柏掩映中，静静地矗立着立于清乾隆年间的陶渊明墓碑。

▲ 陶渊明墓

逝者如斯。然而陶渊明与他洋溢着大隐之风的诗篇却再也没有淡出人们的视线。其实，陶渊明的意义远不止为中国田园诗歌开宗立派。更重要的是，他以自己的隐居和诗作展示了一个挣扎的人生——是成为既得利益者还是成为自己？最终，他以尊重个人的意愿战胜了世俗功名的追求。

正因为有了陶渊明，从此，庐山再也无法寂寞。循着这位精神巨人的足迹，它也渐渐成为后世历代隐者及文人墨客登临膜拜的圣山。

三、文　火

被印度诗人泰戈尔推崇备至的清末“同光体”诗派领袖、一代宗师陈三立，曾以一句“凭栏一片风云气，来做神州袖手人”，表明自己离开乱世，淡泊人生的志向。然而，当日军的铁蹄踏入北平，他终究还是放弃了自己的隐逸之梦，以一种悲壮的方式走向生命的归宿。

同光体：“同光”指清朝同治、光绪两个年号。光绪九年至十二年间，由郑孝胥、陈衍开创，随着后期大批文人追捧，逐渐成为一种成型的诗风。主要特点是主体学宋，同时也学唐，但后者主要趋向于中唐的韩愈、孟郊、柳宗元，而不是盛唐的李白、杜甫。1938年郑孝胥死后，同光体诗派也宣告终结。

日本人借陈三立的好友，另一位诗坛巨匠郑孝胥之口，传递了邀请其出任日伪政府要职的信息。陈三立痛骂其“背叛中华，自图功利”，与50年的好友割袍断交。愤懑不已的陈三立开始绝食拒药。

不忍离去的除了生命还有什么？如果是回

忆，那么在庐山松林别墅“息影松林径，洗梦涧瀑流”的5年时光，无疑是老人生命里一段甜美的记忆。乱世之中，这里的一草一木，给诗人的心灵极大抚慰。

▲ 清末“同光体”诗派领袖陈三立画像

遗憾的是，老人自抗战前离开庐山便再也没有回去。

1937年，爱国诗人陈三立于北平寓所含恨离世。

同年岁末，陈家三公子陈寅恪离开北平辗转南迁。

翌年，郑孝胥在长春神秘死亡。

1945年4月，抗战胜利曙光依稀可见，双目失明的陈寅恪在流亡地成都百感交集地写下了《忆故居》“……破碎山河迎胜利，残余岁月送凄凉。松门松菊何年梦，且认他乡作故乡。”

陈寅恪： 中国现代最负盛名的历史学家、古典文学研究家、语言学家。清华百年历史上四大哲人之一，另外三位分别是叶企孙、潘光旦、梅贻琦。因出身名门，因而又被称作“公子的公子，教授之教授”。身后留下大量著作，内容涉及历史、文学、宗教等多个领域，为后人提供了新的治学方法。

出生于江西省修水县的陈氏父子，一生中只是偶尔寓居于庐山，然而，和中国历史上难以计数的先贤一样，他们都把心留在了匡庐之山。

几千年来，当中国的知识分子涉过历史险滩时，就像无根之草，找不到归途，也寻不见去路，有人死忠，有人随流，有人奋力挣脱去寻找心灵的自由。他们持守着“修齐治平”的理念，也怀着“隐逸山水”的梦想。

▲ 国学巨匠陈寅恪

而对于这些行走中的赤子们来说，庐山，一如千年不变，默然守候的知己，抚慰他们孤独的心，陪伴他们求索的路。

人与山，交相辉映，给整个民族文明史挥洒出闪亮的传奇。

▲ 云雾中的庐山

谢灵运：东晋著名山水诗人，中国文学史上山水诗派的开创者。从他开始，山水诗成为中国文学史上的一大流派。他的诗充满道法自然的精神，贯穿着一种清新自然恬静之韵味，一改魏晋以来晦涩的玄言诗之风。李白、杜甫等都曾取法于谢灵运。

383 年，正在弈棋的东晋宰相谢玄，接到前方捷报，8 万晋军在淝水力胜前秦 80 万大军，淝水之战让来自中原的文化体系得以保存发扬。而庐山，这座已经与儒释道结下了深远渊源的大山，也因此得以继续它的文化薪火……

411 年，谢氏家族的一位后人登上庐山，和他的前辈不同，这位名叫谢灵运的士族子弟并未延续位列公卿的家族传统。

在崇山峻岭之中，谢灵运吟诵着“昼夜蔽日月，冬夏共霜雪”。把胸中无尽的丘壑化作诗歌和丹青。

肆意遨游山水的谢灵运，在不经意间，开创了中国诗歌的一大流派——山水诗。

谢灵运为庐山写下了 11 首诗。自那时起，江西成为中国山水诗派的主要策源地。而庐山，也因为“前有陶令，后有谢公”，渐渐成为历代诗人的磁场和诗歌的温床。

2007 年，庐山管理局组织各界学者，着手编纂《庐山历代诗词全集》，这是一个试图将有史以来，所有关于庐山的诗歌全部收罗的巨大工程。在繁重细致的编纂梳理过程中，一座诗词圣山的形象越发清晰起来。

▲ 庐山瀑布

在浩如烟海的典籍字纸中，人们发现了一位诗人伟岸的身影——他从 25 ～ 57 岁，曾经 5 次登临庐山。这是一个痛饮狂歌、扁舟破浪、乱发当风的独行者。

当代中国台湾学者余光中在一首诗中这样描述他："酒入豪肠，七分酿成了月光，余下的三分啸成剑气，绣口一吐就是半个盛唐"。

而后世的人们给予他的称号——诗仙。

今天庐山脚下的秀峰瀑布，因为李白的诗依然吸引着众多游客。

对于庐山，那次相遇也许只是恒河细沙的一瞬，然而，就在石破天惊的一刻，盛唐气度、诗人情怀和天造奇观，把 28 个普通的汉字化成珠玑，永久洒落在民族文明的银河中。

因为有了《望庐山瀑布》这首诗，庐山瀑布才得以名扬天下。但人们却不知道，在李白命运多舛的一生中，庐山一直是一个神奇的坐标。

胸怀天下的儒家入世观点，归隐山野的道家隐遁思想，仗剑天涯的侠义精神，李白的一生都在与这 3 种截然不同的人生态度反复羁绊纠结。

725 年，25 岁的李白仗剑出川，开始他大济苍生的梦想。他沿长江流域，东至庐山时，被山中景色深深吸引，便萌生"吾将此地巢云松"的愿望，有心若干年功成身退后终老于此。

745 年，45 岁的李白南下漫游金陵，第二次游览庐山。就在 1 年前，他发誓永诀官场。这次，他看中了庐山一处名叫屏风叠的地方。

750 年，李白携夫人——清丽雅致的名门之女宗氏，第 3 次登上庐山。当他远眺最为钟爱的五老峰时，“庐山东南五老峰，青天削出金芙蓉”的诗句横空出世。

从那时起，庐山成为李白夫妇共同的寄居之所和精神家园。

755 年，大唐帝国经历了一次致命的动荡。三道节度使安禄山起兵叛乱，翌年便攻陷都城，国号大燕。

“安史之乱”爆发的第 2 年，已下定决心再也不问世事的李白携夫人第 4 次登上庐山。这一次，他在庐山九叠屏修筑草堂住了下来，并自我鼓励说：“吾非济代人，且隐屏风叠。”看上去，年近六旬的他似乎真的彻悟了。

然而，几个月后，镇守东南的永王李璘派使者请李白辅政，天真率性的李白兴高采烈地奉旨出山，不过，李白又一次错误地估计了形势。随军不久，他就糊里糊涂被卷入了宫廷的皇位之争。永王兵败，李白背上了附逆的罪名。流放途中，遇到天子大赦，李白绝处逢生。《早发白帝城》正是那次返乡途中所写。途径九江时，他再次登上庐山。

这一次，李白以饱经风霜的心重新审视大山，写下著名的《庐山遥寄卢侍御虚舟》。在诗中，几乎囊括了今天我们可以看到的所有庐山美景——登高壮观天地间，大江茫茫去不还。黄云万里动风色，白波九道流雪山……

寻仙问道的心终究代替不了马革裹尸的夙愿。离开庐山回到南昌家中不久，李白以 62 岁的老迈之躯，又一次随军东征平乱。翌年，病逝于返乡途中。

直到辞世，李白都未尝实现自已入仕报国之梦。然而他桀骜不驯的性格，豪迈奔放的胸怀，摧枯拉朽的热情，浩荡山河的气魄，却从未因挫折与困顿而改变。这是命运对李白的捉弄，却是历史对于中华文明的成全。

庐山的文火依旧在延续……

李太白辞世半个世纪后，另一个伟大的诗魂也走上了庐山。

▲ 唐朝诗人白居易画像

815年6月3日凌晨，当朝宰相武元衡的官轿踏上上朝的街路。然而，杀戮不期而至。

庐山脚下的长江，唐时被称为浔阳江。816年，正在辅佐太子的白居易因为越级上疏奏请严缉凶手，给了政治对手陷害的口实，被一贬再贬，一直被贬到浔阳江边，做了一个品级低下的江州司马。

对于才华横溢，满怀政治梦想的白居易来说，他的人生从此转折。

九江码头所在，在遥远的古代，是黄芦苦竹绕宅生的湓江湿地。1200多年前的一个秋夜，两个不曾相识的人在这里相逢，在夜色波光中为彼此的人生以及后世的汉语言文学留下凄美的夜曲。

琵琶行： 源于汉魏乐府，是乐府曲名之一，后来成为古代诗歌中的一种体裁。艺术作品白居易所写的《琵琶行》把处于封建社会底层的琵琶女的遭遇，同被压抑的正直的知识分子的遭遇相提并论，相互映衬，相互补充，作如此细致生动的描写，并寄予无限同情，在以前的诗歌中是非常罕见的。

在冠绝全唐的《琵琶行》里，白居易写出沦落天涯的忧伤和哀叹，从这时起，“同是天涯沦落人，相逢何必曾相识”就成为每一个逆境中客旅心底的咏叹。

白居易在江州一待便是4年，远离朝野的他夜听江水潮起潮落，昼看庐山云卷云舒，以一种逍遥而闲适的态度静观世界与人生。

在这里，白居易的诗也变得从容优美。“人间四月芳菲尽，山寺桃花始盛开。”山高谷深，挡不住他的诗情。每读这样的文字，山间的春色，扑面而来。

白居易一直仰慕和崇敬陶渊明这位前辈，在庐山日久，他也和陶公一样，有了隐居于此，终老一生的念头。有一天，他发现东林寺附近一处山凹，北傍遗爱寺，南靠香炉峰。有密林有流水，景色宜人。他当即决定，在这里修筑一座草堂。

为了纪念这恬静的家园，1200多年前的草堂主人白居易，写下《庐山草堂记》："春有锦绣谷花，夏有石门涧云，秋有虎溪月，冬有炉峰雪。"字里行间，渗透着喜悦和惬意。

庐山的山水，让白居易受伤的内心慢慢愈合修复。对于厚待他的大山，白居易用深情的笔触写道："庐山以灵胜待我，是天与我时，地与我所，座获所好，又何以求焉！"

在群山的怀抱里，从来温婉平和，惯于以长歌描绘爱情人生的白居易，把他所有的美好辞藻，聚成《庐山草堂记》，篇首的8个大字："匡庐奇秀甲天下山"，激越昂扬。

这里的山水，洗去了他的忧伤。他渐渐心静，也渐渐淡定。悄然之间，诗人的人生观也得以改变。兼济天下淡出内心，独善其身渐入人生。

818年冬，守得云开的白居易结束了江州的生活，前往忠州任职。行前他为草堂写下了告别诗。"山色泉声莫惆怅，三年官满却归来。"

而此后，他只是经过草堂留宿了一晚。这以后，便再也没有机会回归庐山。

自魏晋始，至唐宋，庐山已成为中国诗人艺术生涯中必经的圣地。我们无法想象，没有了这自然的奇境，5000年的诗词殿堂该留下多大的缺憾。

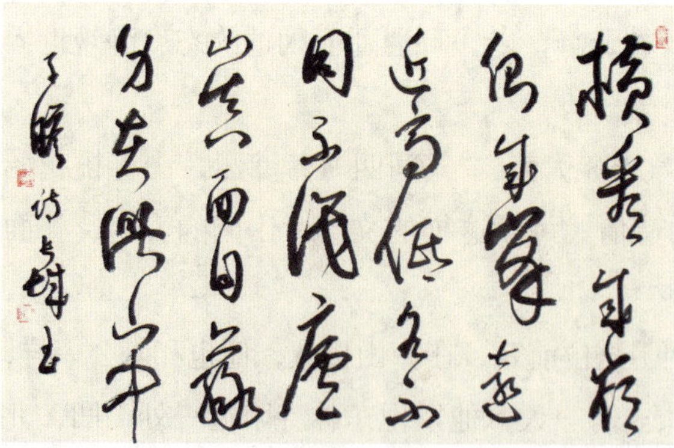

▲ 流传千古的苏轼名诗《题西林壁》

在山脚下的西林寺墙壁，苏轼留下了那首流传千古的名诗："横看成岭侧成峰，远近高低各不同。不识庐山真面目，只缘身在此山中。"一诗出手，即成绝唱。转瞬便家喻户晓。对于面对宦海，茫然不知前程的苏轼来说，是不识庐山真面目，还是不识人生和世界的真面目，后世莫衷一是。

西林寺几经毁建，当初的题壁已然不在，不识庐山真面目的诗句却被永久地题写在中国人的心灵中。人生百代无穷尽，然而对于世界和生命的困惑迷茫，古人有之，今人亦然。

蓦然回首，在人生的高峰或低谷，在生命的豪迈与困惑中，对这片大山心向往之的又岂止东坡一人。

欧阳修来过，大呼："庐山高哉，几万仞兮。"

黄庭坚来过，描绘："胜地东林十八公，庐山千古一清风。"

康有为来过，高歌："开士诛茅五老峰，手植匡山百万松。"

徐志摩来过，慨叹："这眼前刹那间开朗，我仿佛感悟了造化的无常！"

郭沫若来过，吟唱："湖山云里锁，天籁雾中鸣。"

正是这些诗人一次次完美的登场和谢幕，关于庐山的诗歌才能在沧海桑田中聚沙成塔，蔚为大观。

在卷帙浩繁的庐山图书馆，依旧珍藏着陈三立、陈寅恪父子的大量诗词著述。在庐山人心中，他们二人和古往今来所有把心魂交付这片青山的人们一样，都是大山的赤子与骄傲。

独立之精神，自由之思想，是陈寅恪为王国维题写的墓志铭。人们相信，这10个字，恰是庐山文脉以及中华文明薪火得以传承光大的风骨与精髓。

2009年夏，庐山又迎来一批贵客——旅居于世界各地的陈氏后人，他们来到祖辈的心灵家园和安息之地，祭奠瞻仰。

国学巨匠陈寅恪先生虽然和庐山只是匆匆邂逅，但长眠于此是他内心深处的愿望。

他的墓碑采自庐山山谷中的冰川顽石，毫无雕琢、亘古不变。同样不变的也许还有几千年来，这座大山所见证的每一个伟大生命，付出一生去不懈追求的同一个夙愿——独立之精神，自由之思想。

▲ 世界各地陈氏后人到庐山祭奠

▲ 国学巨匠陈寅恪夫妇墓

四、问　学

“老夫高卧文殊台，拄杖夜撞青天开。”王阳明参理星文，颇有几分仙风道骨的行为，成为文殊台上的传奇之一。一同流传下来的，还有种种猜测：那一晚王阳明独立秋风，有何心意呢？

▲ 明朝著名心学大师王阳明画像

斗转星移，时间过去了500多年。

今天，文殊台上良好的天象观测条件，仍然吸引着众多登临庐山的游客至此。

自古以来，人类从未放弃过与天对话的尝试，因为它承载着我们的愿望，影响我们的心绪。在世界各地，人类曾通过各种仪式企图与天沟通，寄托对美好生活的愿望。

在科学发达的今天，人们对天的认识已远离蒙昧。庐山气象站的工作人员是当代的问天者。他们每天收集着各种气象数据，为庐山的居民和游客提供重要的出行资讯。

自然界的阴晴冷暖可以预测和防备，但人世多变的，又何止这些。

就在王阳明登上庐山的几个月前，刚刚平定了危及大明江山的宁王之乱，赢得了“大明军神”的美誉，但同时也落下了功高盖主的风评，王阳明在重压之下，只得将全部功劳归于无能的皇帝明武宗。可以对话苍穹，参悟天地的他却无法左右自己的命运。

在庐山秀峰脚下，王阳明亲自为平叛庆功撰写的记功碑就树立于此。记功碑上的通篇文字把本应该属于自己的战功，全部归于皇帝的英勇英明。文殊台上通大道，秀峰脚下锁近忧，就在一山上下的两处，这位心学大师却留下了极其复杂矛盾的心理印记。生前战功无数的王阳明，死后只落得“用诈任情，坏人心术”的评语。曾因际遇坎坷而发出“浮名于我迹何有”感慨的王阳明也许没有意识到，他的死对于自

宁王之乱： 宁王朱宸濠是朱元璋第十七子宁王朱权的五世孙，朱权在靖难之役中被朱棣胁迫共同反叛，朱棣答应事成后平分天下，但后来不但没有实践诺言，反而剥夺了朱权的兵权，并将宁王驻地迁往南昌，朱权一直对此十分不满。于是，明武宗正德十四年，宁王朱宸濠在南昌发动的叛乱，仅仅43天后，就被王守仁平定。朱宸濠被处死，并撤销宁王之藩。

心学： 明朝由王守仁首度提出“心学”两字，并提出心学的宗旨在于“致良知”，至此心学开始有了清晰而独立的学术脉络。他批判朱子理学，倡导知行合一，强调生命的过程，中国的圣人学问由此开始“哲学化”。王阳明心学属于唯心主义范畴，否认物质对于心（即精神）的决定作用，认为道德靠对本心的体证来实现。

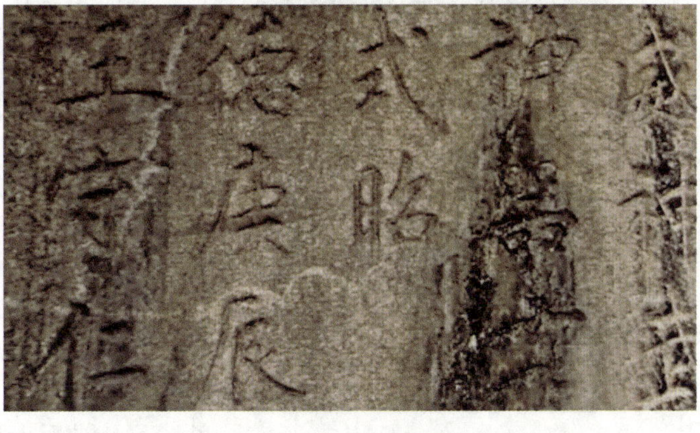

▲ 王阳明为平叛庆功撰写的记功碑

已可能是个解脱，但他所代表的儒家心学流派在他死后渐渐没落，却是中国思想界一场影响深远的变化。

心学的没落成全了已经与之争锋几百年的老对手——理学。从此，中国古代思想界的“双雄争锋”变为“一枝独秀”，理学确立了官方哲学的地位，统治中国达600年之久。非但直接左右了当时人文、经济以及社会形态各个方面，直到今天，它对中国社会的影响力，也极其深远。然而理学的思想便发端于庐山。

一场雨水，让庐山莲花峰脚下的荷花显得分外娇艳。

“晋陶渊明独爱菊。自李唐来，世人甚爱牡丹。予独爱莲之出淤泥而不染，濯清涟而不妖”。这几句话，出自北宋思想家周敦颐的名篇《爱莲说》。自从有了这篇传世佳作，后世文人的处世态度，就有了牡丹与菊花之外，另一种借喻。

一生笃爱莲花的周敦颐，同样对庐山情有独钟。他曾作诗“庐山我爱久，买田山中阴”，以抒发对庐山的热爱之情。自从他第一次游览庐山，便有一见钟情之感，庐山清幽的环境，令平生恋慕自然的周敦颐念念不忘，以至在为官之时，就打算离开官职后，终老于庐山这青山绿水间。果不其然，周敦颐告老辞官后，并没有还乡湖南，而是留在庐山莲花峰下。

▲ 北宋思想家周敦颐画像

当时，依山林借静读书，择胜地纳徒讲学，是很多儒者的梦想。周敦颐也不例外，他凿池种荷，同时开讲授徒，建立了供读书讲学之用的濂溪书院，因此周敦颐被后世称为“濂溪先生”或周濂溪。周敦颐在庐山莲花峰，完成了宋朝理学的奠基之作《太极图说》和《通书》，并培养出两位理学鸿儒，程颢和程颐兄弟，日后更是得到朱熹等人的顶礼膜拜，被后世称为理学的开山祖。

在庐山栗树岭，有个以周姓为主的村子，这里生活着周敦颐的后人。自明朝弘治年间开始，周敦颐的子孙后裔，遵朝廷旨意，离开老家湖南道县，在庐山为周敦颐护坟守墓，至今已500余年。这里也曾是濂溪书院旧址，曾几何时，黄庭坚、苏轼、程颢、程颐、朱熹、王阳明等大家无不来此拜谒先儒。而庐山，也因为周敦颐和濂溪书院，开启了理学传播与书院教育相结合的趋势，为之后理学思想在庐山的蓬勃发展奠定了基础。

位于庐山身边，掩映于参天大树之下的白鹿洞书院，与衡阳石鼓书院、长沙岳麓书院、商丘应天书院并称中国四大书院，曾被誉为“海内书院第

▲ 周敦颐墓园

▲ 庐山白鹿洞书院

▲ 南宋著名理学家朱熹画像

一”，至今已有1000多年的历史。

“白鹿洞”3个字，传闻因为唐朝文人李渤豢养白鹿于此陪伴读书而得名。南唐时期，这里被称为“庐山国学”或“白鹿国学”，兴盛一时。北宋时期这里更名为白鹿洞书院，但因那时执政的宋真宗规定“不入官学不能应举”，因此书院日渐凋落，风光不再。

1179年秋，荒废了125年的白鹿洞书院，终于等来了一位有缘之人。然而此时的白鹿洞书院，残垣断壁，杂草丛生，洞门犹在却已盛名不负，一切景物让这位来客心生感慨。

这个人就是朱熹，后世把他尊为“朱子”，称其为“六百年理学集大成者”。

原本是慕名而来，结果却是怅然若失，白鹿洞书院的景象令朱熹辗转难寐。他上书朝廷：庐山佛堂数百，废坏者无不有人修复，而儒生读书之地，只白鹿洞书院一处，却破败百年无人过问，实在可惜。他恳请重修白鹿洞。

就在这一年，中国的北方，历史上最伟大的可汗掀起了统一草原、开疆拓土的征战。而南方，广州等地的农民暴动时有发生，令偏安一隅的南宋政权一筹莫展。朱熹虽两次上书朝廷，得到的却是帝王的冷淡和同僚的讥讽。

所幸的是，朱熹并未因此而停止自己复兴书院的理想。他决心凭一己之力重修白鹿洞。从置田筑屋到筹措资金，从延请老师到发榜招生，朱熹事无巨细，亲力亲为，只为春天到来时，白鹿洞书院能够重新启用。这一年，朱熹49岁……

800多年前，在一个充满希望的春天里，白鹿洞书院开学了。

开学当天，第一个登上讲台的老师，便是朱熹。这堂课所讲的是《中庸》首章。从这一刻开始，白鹿洞书院进入了一个崭新的时代，在当时科举为重的社会里，朱熹推行的诸多教育理念，为后世的人才培养塑造了重要的模式。

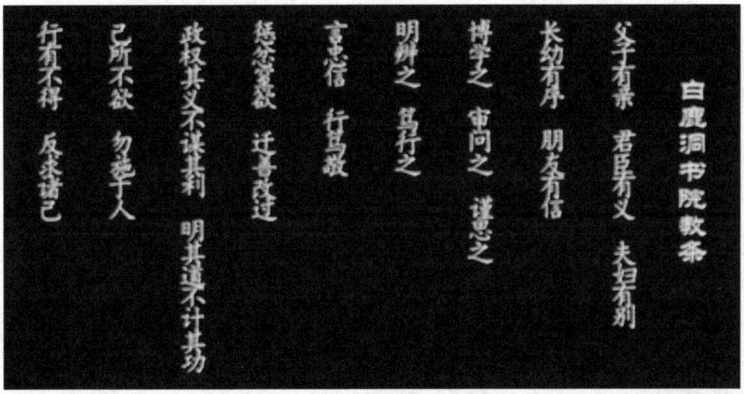

▲《白鹿洞书院教条》

朱子认为，道德习惯如不在儿童阶段培养，不仅贻误个人，还有害于社会。

朱熹把一个人的教育分为小学和大学两个既有区别，又密切关联的阶段。儿童教育在于培养“圣贤坯璞”，即雕琢璞玉，在朱熹看来，此时若不能正确教育，长大后就有可能做出违背伦理的事情来。朱熹提出，小学教育在于“教事”，小到穿衣戴帽的规矩，大到孝悌忠信的纲常，都是小学教育的重要学习内容。学子 15 岁以后，即要接受大学教育，重点在于教理，即探求事物之所以然。

白鹿洞书院新的时代，不仅仅在于教学的恢复，朱熹还有效地把推广理学和书院教育结合起来，亲自为学院制订了学规，即今天在白鹿洞书院仍可见的《白鹿洞书院教条》，又称《白鹿洞学规》。这项学规是中国教育史上第一个集教育目的、教育形式、教育法则于一体的教育方针。

《白鹿洞书院教条》充分体现了朱熹坚持以儒家经典为基础的教育思想。他针对当时的官学体系腐败、教育目的庸俗的混乱局面，有针对性地提出了书院的办学和教学模式。要求学生们先明义理，尔后正其心，以修其身，然后行之于事，再推己及人，进而齐家、治国、平天下。这是一个理学家的理想人生。

白鹿洞学规出台后，得到同时期其他书院的仿效和推崇，乃至官办学校，

陆九渊：著名理学家和教育家，与当时的朱熹齐名，史称“朱陆”。他融合孟子“万物皆备于我”和“良知”“良能”的观点以及佛教禅宗“心生”“心灭”等论点，提出“心即理”的哲学命题，形成一个新的学派——心学，被后人称为陆子。明朝王阳明发展其学说，成为中国哲学史上著名的“陆王学派”，对近代中国理学产生深远影响。

也都参照此学规推广或运用。可以说，白鹿洞学规，成为影响中国教育几百年的最高法则和唯一准绳。

朱熹教育思想中树立远大理想，遵行道德规范等内容，对于今天的教育仍有可借鉴意义。但他推崇的收敛心性，“存天理、灭人欲”的主张，显然与当代教育提倡的解放个性，鼓励发挥创造力的内容有所出入。

其实，天理与人性的矛盾，自古至今都是学者们争论不休却又无法回避的问题。朱熹坚持：天理即是伦理道德，存于人的内心之外，是个人必修的道德规范。而与此同时，另一个人却说，宇宙大道存于心，诸多道德都是人的内心固有的，人的内心本性才是道德的根本。这个人就是心学的代表人物陆九渊。

朱熹与陆九渊关于“心性应该约束还是应该释放”的争辩也就是理学和心学两大思想体系长达数百年学术争锋的焦点。

事实上，早在1175年，也就是朱熹重修白鹿洞的前4年，他与陆九渊在上饶鹅湖寺就有过一次意义深远的对话。在治学方面有着极大分歧的朱熹与陆九渊和陆九龄兄弟，进行了长达3天的激烈辩论，最终不欢而散。史称“鹅湖之会”。

▲ 南宋心学代表人物陆九渊画像

今天，参观白鹿洞的游客不难发现，在碑廊中有一块格外醒目的石碑，题为“白鹿洞书堂讲义”，作者竟是陆九渊。陆九渊的讲义怎么会出现在白鹿洞？朱熹又为什么要替这个学术宿敌的言论树碑立传呢？

1181年，白鹿洞书院恢复办学已一年有余，书院的一切事务在朱熹的安排下有序地运行。朱熹自命为白鹿洞洞主，主持学院教

▲ 刻于石上的陆九渊讲义

学。那时，理学初立，影响力尚小，但朱熹并不因为推广理学，而排斥其他学派。他不断邀请多方学者来白鹿洞讲学，以增添学子们的见识。在众多邀请中，一个人的如约而至令他惊喜万分，此人就是心学掌门陆九渊。

后世之人，常把长达几百年的理学、心学争辩视为水火不容，其实，在学术上严谨治学的朱熹与陆九渊，具有宽阔胸怀和视野的宗师气度已超越了世俗间孰是孰非的狭隘争执。

陆九渊在白鹿洞的讲演，名曰“君子喻于义，小人喻于利”，讲到高潮时，朱熹与旁听者无不感动得为之流泪。朱熹令人记下陆九渊的讲义，刻于石上。这就是今天这块石碑的来历。

正因为有白鹿洞书院的学规和朱熹对待不同思想观点争端持有的开阔胸襟和姿态，白鹿洞书院才有了比其他书院更开阔的视野和更深邃的内涵。这里不仅日渐成为当时全国的学术中心，而且在很多年后，人们仍然认为它是“天下书院之首”。

就在朱熹邀请陆九渊到白鹿洞讲学的同一年，朱熹因解职回乡，离开了白鹿洞书院。此后，他仍以传播理学和推广书院教学为重要使命，亲自修订了日后科举考试的教科书——四书，而建立名扬天下的武夷精舍、漳州道院

四书： 是《四书集注·朱熹集注》这部书的简称。四书指《大学》《中庸》《论语》《孟子》四部书。自宋朝以来四书是中国人必读的书，作为当时人们的基本信仰与信念，成为其安身立命之道。梁启超说，《论语》《孟子》等是2000年国人思想的总源泉，支配着中国人的内外生活，其中有益身心的圣哲格言，一部分早已在全社会形成共同意识。

和岳麓书院等理学传播场所，更有着朱熹的心血。白鹿洞书院的兴复和扬名，成为朱熹推广理学思想的重要标志，白鹿洞书院的命运也和朱熹的命运紧紧结合在一起，随着朱熹名声的扬抑，它在历史中也几经沉浮。

朱熹的学说，在他生前实际上是被打压的，1198年，朱熹的学说被朝廷称为伪学。两年后，朱熹去世，当时只有辛弃疾一个人去送葬，非常凄凉。朱熹死时，一定不会想到，他修订的四书日后会成为科举考试的正式教科书。此后9年，南宋政府给他恢复了名誉。

今天的白鹿洞书院，保存着一块“学达性天”的匾额，这是推崇理学、崇敬朱熹的清朝皇帝康熙亲笔所书。许多书院都曾悬挂此匾，以传达王朝天子对众多书院传承理学、培养人才所做贡献的肯定。

周敦颐、朱熹、陆九渊、王阳明这些大家研修的哲学思想，在清朝终被官家热捧，称之为宋明理学，那些留迹于此的历史故事也丰富了庐山文化的底蕴。

白鹿洞书院，不仅成为理学思想汇聚庐山的代表，更成了中国思想界的一座丰碑。近代学者胡适曾这样总结白鹿洞书院的价值：白鹿洞，代表着中国近700年的宋学大趋势。

今天的白鹿洞书院旁，一座江西进士榜、状元柱格外引人注目。在这些因为个人努力获得功名的名字里，不乏一些在历史上彪炳千秋的名人，他们都曾访学或求学于此。他们让后人感叹白鹿洞书院的人才辈出以及白鹿洞书院在中国教育史上做出的卓越贡献。

朱熹时代的小屋，已然不见。但在书院自然环境里，却处处可见朱熹留下的痕迹。石头上、溪流下、桥壁中，他遒劲有力的字迹，让人们回味无穷。

更重要的是，因朱熹而复兴的白鹿洞书院，在近千年的历史更替中呈现出来的起伏兴衰，为我们民族文化的绵延和深化提供了真实的记忆。

依山林，寻僻静的书院读书方式，因时代的变迁一去不复返了。今天，因白鹿洞开办的文化讲座，仍然丰富着人们的视听。这些延续白鹿洞书院兴学传统的活动，使现代人在获得新知的同时，不自觉地沉浸在白鹿洞曾经的传说之中——书声琅琅之余，有呦呦鹿鸣为伴。

五、牯　岭

▲ 清晨的牯岭

初来庐山的游人总会惊诧，这里竟有一座设施完备的小镇，可为游人提供一切日常所需。而庐山周边的人们常会选择来这里度过周末。

然而，一个多世纪前，这里除了砍柴的山民和零星的探险者，几乎人迹罕至。1886 年初冬，一个来自西方的年轻探险者在中国向导的引领下，走上了九十九盘登山的路。他有个中国名字：李德立，他从镇江到达汉口，又由汉口乘船抵达九江。他只有 22 岁，这次登山的目的原本极其简单，只想在这山中选一块地，建一座可以避暑消夏的房子。

就在李德立登山的这一年，中国正经历着大难将至前的阵痛。无限风光的太平天国灰飞烟灭，击败洪秀全的曾国藩也患恶疾而终。中法战争以清政府的失败宣告结束。以李鸿章为首的洋务运动颓势渐显。大清王朝在列强的坚船利炮之下，早已门户大开，九江在 1861 年作为通商口岸已向西方开放。驻上海的英国总领事租下黄浦江边约 55.33 公顷荒地，“租界”由此在中国出现。

九江，正如长江沿岸的许多城市一样，因为交通便利，成为很多西方人的首选。但他们却很

太平天国运动：由洪秀全、杨秀清、萧朝贵、冯云山、韦昌辉、石达开组成的领导集团在广西金田村发动对清朝的武力对抗，是 19 世纪中叶中国的一场大规模反清运动。1864 年，太平天国首都天京陷落，运动失败。它同所有失败的农民起义一样，是因为没有远大的战略眼光，由于领导集团政治上过早的封建化，组织上不能始终保持领导核心的团结等因素，最终遭到内外镇压，陷于失败。

李德立：英国传教士，借甲午海战中国战败之机长期盘踞庐山，成立教会，建造教堂，宗教势力遍及庐山角落。李德立在庐山建造的别墅，就是日后举世闻名的庐山别墅。如今 100 多年过去，庐山别墅以其独特的艺术魅力和建筑风格吸引了世界各地的游人，成为游客眼中一道亮丽的风景线。

▲ 牯岭小镇

难接受一个现实，那就是每到夏季这里过于炎热。近一个世纪前，因为炎热和卫生条件不佳，导致有人中暑甚至患病的事情并不鲜见。遍数长江沿岸的上海、南京、武汉、九江等各城市，气候成为妨碍那些水土不服的西方人来此定居的最大阻力。

然而长江之畔还有一座清凉之山——千百年来庐山的清凉一直驰名天下。

庐山处于亚热带季风区域，北倚长江，东临鄱阳湖，山高谷深，具有显著的山地气候特色。一年中雨量充沛，气温则随山势高度而递减。因此，在炎热的夏季，山间的凉爽对于山外的人来说，是一个巨大的诱惑。

早在 1870 年，法国传教士就在庐山脚下莲花洞建起了第一幢别墅。此后，俄国人在庐山北麓龙门山南的九峰寺附近租下了九峰寺正殿背后的房屋，并将之改成洋房别墅。据说，李德立也曾试图在九峰寺购地，但未成功。

酷暑难耐的九江，清凉怡人的庐山，法国人和俄国人的成功先例，让李德立坚持这次庐山之行。当李德立终于登上位于“牯牛”和“屋脊”两座山岭之间的“女儿城”，俯瞰岭下开阔平坦的长冲谷，包括他在内的所有人都不会想到，庐山的人文历史将由此刻开始迎来一个崭新的时代。

▲ 英国人李德立

李德立回忆录中写道：山巅原为一片荒郊，豹虎野猪所出没的地方。间有一二烧野山者寄居其间，这片荒地是从来没有主人的。

今天，庐山的别墅享誉海内外。600 余

▲ 避暑胜地庐山

栋遍布山间的别墅姿态各异，很多别墅已经存在100多年，它们几经易手，主人的命运也各不相同。但有一点相同，它们最初的主人都是从英国人李德立手中购得建房的土地。事实上，自李德立登上女儿城的那一刻起，一次小范围的私人购地计划渐渐衍变成影响整个庐山历史的土地变革。李德立决定拥有这片广博的土地，不仅是要建造几幢房屋，而是要建造一个可以容纳更多人的天堂乐园。他向当时的中国官方提出租借庐山土地的请求。

深谙中国官场的李德立很快想出了办法，他一边借助英国领事的关系向中国政府施加压力，一边极为隐晦地贿赂负责此事的中国官员。经辗转几位中国人之手，李德立几个月后终于如愿以偿地转租到庐山300公顷土地。

从九江市区到庐山脚下的莲花洞，原本有一条公路，叫九莲公路。九莲公路号称江西第一条公路。清朝末年就已修通，总长只有13千米。为了让人们更方便地从九江上庐山，李德立决定从莲花洞开辟一条道路，一头与九莲公路相连接，另一头直上牯岭。这条路总长约9千米，名为莲牯路。

在机械简陋的时代，山间修路，难度极大。莲牯路中途有一段悬崖，壁陡石硬，没有工人敢接手这项工作。最后李德立咬咬牙，花大价钱，才辗转从湖北大冶请来手艺高超的石工。石工们用了一个多月的时间，硬是从这段峭壁上开凿出1200级台阶。这1000多级石阶路，便是庐山著名的“好汉

▲ 庐山“好汉坡”

北洋水师：1888 年，清政府每年拨出 400 万两白银建设海军，分为三洋建设：北洋水师负责山东及以北之黄海；南洋水师负责山东以南及长江以外之东海；两广水师负责福建、南海。它是清朝后期建立的第一支近代化海军舰队，也是清政府建立的三支近代海军中实力和规模最强的一支。1894 年在中日甲午海战中全军覆没。

坡”，也正因修了这段山路，大治石工在庐山闯响了名声。尔后的庐山别墅建造中，云集了大量湖北大治石工，也正是由此而始。

这样一来，居住在九江或周边的西方人只需要从莲花洞雇一顶轿子，便可以一路欣赏着湖光山色，在不知不觉间到达牯岭。这与行走当年洪武帝敕令修建的九十九盘相比，是质的飞跃。今天，上下庐山已经有了更加便捷的交通，大多数游客没有勇气也没有时间从这里走。但在一个多世纪前，它却是通向庐山的最高级道路。

有了这条路，李德立的梦想才可以变为现实。但在当时，对于庐山本地人来说，这个西方人的梦想让他们越发不安起来。

就在李德立踌躇满志的时候，庐山以外的中国正在经受着前所未有的痛楚。1895 年 4 月，中日甲午战争以北洋水师的全军覆没告终。清政府所表现出的无能与懦弱愈来愈甚，而在广大的中国平民中，一股仇视外国人的情绪愈演愈烈，这种情绪也蔓延到了庐山。

▲ 松林深处李德立别墅“玻璃屋”

一天下午，一群人在山路上截住了李德立和他的家人，他们认为这个外国人的一系列做法危及了祖宗根脉，要严惩他们。靠着一杆随身的火枪，李德立侥幸震慑住山民，得以逃脱。夜晚，愤怒的人们放火焚烧了他在山上的住所，被称为汉口峡一号的一幢木结构别墅。

浔阳道台把这件事情归为民间纠纷，一度搁置，但汉口峡一案却惊动了英国政府，以致英国驻浔阳领事亲自出面督察。鉴于事态升级，迫于压力，浔阳道台与英方代表签订了合约。英国公民李德立重新获得牯岭土地的租借权，期限 999 年。

在牯岭南端，有座隐匿在松林深处的房子叫作“玻璃屋”，当年，它是李德立最得意的私人别墅。很多对庐山影响深远的计划都是在这幢房子里诞生的。

拿到这份无比优惠，几乎是一本万利的租约，李德立开始实现他梦想的最后一个阶段。他请来英国工程师甘约翰和德国籍工程师李博德与他共同开发牯岭。他们先是成立了牯岭公司，通过公司来管理和运作。

接着，他们将地皮划分成块，并逐一编号，然后向全世界叫卖。他们充分利用传媒大做广告，极力称赞庐山的美丽纯净以及夏日的凉爽。李德立为这片原名长冲谷的土地重新取了一个名字，英语中的“cooling”，是“清凉”

▲ 异域风格的庐山别墅

的意思，音译为汉语就是——牯岭。

正如李德立的判断，几年工夫，牯岭的土地便销售一空。李德立的成功，吊起了其他西方人的胃口。紧接着，法国人、俄国人、美国人都接踵而至，纷纷以各种方式进入庐山。庐山的地皮也一点一点地被瓜分。一时间，放眼望去，山上尽是金发碧眼的洋人。

李德立等人斥资打通了庐山与九江之间的第一条正规公路，闭塞的庐山从此敞开了一扇大门；他们顺着山势以石径铺就社区内的各条通道，形成道路网格；他们沿着长冲河呈轴线展开英国式自然园林，开辟步行的游览路线；他们在平坦的河滩上种植大量草坪和树林，让人们居住在风景之中；他们有章有法地修建了路灯，让山上的夜晚灯火通明。他们编号出售的土地，在每号约 0.25 公顷的面积上，只准盖一幢别墅，建筑密度控制在 15%以下。还有一条更为要紧：所有别墅不统一式样，完全由个人自行发挥。

带着强烈的自由姿态，别墅出现在庐山之巅。它们富于生气的尖顶，敞开或封闭的回廊，精致的老虎窗和烟囱，粗犷而厚重的石头墙面，高耸的驳坎和低矮的短墙，一切都带着鲜明的全然与中国风格不同的异域情调，使用着与中国建筑全然不同的语言符号，以一种几乎全盘西化的形态出现。这个地方成了中国近代最美丽的花园城市。

1896 年，庐山成立了最高权力机构：大英执事会。7 名英国传教士和 2 名美国传教士成为委员，主席是李德立。整个牯岭建立了一套自治机构，完全按西方人认定的民主方式来建设和治理庐山。

到 1927 年，山上已有别墅 560 栋，居民几千人，分别来自世界 15 个国家：英国、美国、法国、俄国、

▲ 庐山别墅群

▲ 中国人办的理发店

德国、瑞典、芬兰、挪威、日本、加拿大、意大利、葡萄牙、奥地利、丹麦、比利时。到 1931 年，又增加了荷兰、捷克和希腊。这么多国家的人如此集中地居住在一起，就像一个微缩得小而又小的却自成体系的世界。当然，这个世界的主人就是李德立。

李德立回忆录中曾说：“庐山从今日后，再不为野兽所居之处了。它已成为有利之区了。它不但对于西国人，做了一个避暑区域，使他们不再受平原炎热之苦。同时，又能给予本地居民以工商的利益。四乡传言，他们将要加冕于我，立我做‘牯岭之王’。”

随着别墅的繁荣，租借地以西的地盘，为配合西方人的生活和建设，也形成了中国人自己的城镇。中国人从事的职业主要是服务行业，洗染店、理发店、绸布店、洋铁店、京果店、茶叶店，诸如此类。靠中国人的努力劳作，山上避暑、康复、疗养以及学习、游览、娱乐种种生活所需设施，一应齐全。1921 年出版的《庐山的历史》一书中说：“牯岭的娱乐设施是无与伦比的。”

最初，牯岭俨然被当作租界。西方人自行设置了巡警，维持治安。以致山上一般百姓也都将租地称作租界，使得中国官方不能过问山上租地内的事宜。1927 年，外交部特派驻九江交涉员林祖烈发现，这种状态显然侵犯了中国的主权，便致电江西省政府。这时人们方恍然大悟：牯岭的洋人避暑地属于私人租赁，与租界的性质完全不一样。于是在这一年，中国官方将警察行政权收了回来。牯岭被正名不是租界，而是特区。

其实，不论牯岭地皮的性质究竟如何，有一点显而易见，外来的西方文明与古老的东方文明正在这座山谷中交相辉映，这里已成为近代中国最独特的地方之一。正如学者胡适所说：“牯岭，代表着西方文化侵入中国的大趋势。”

李德立共在庐山牯岭度过了33年。33年间，中国乃至世界都处在动荡不安之中，有很多惊天大事在山外发生。世界大战、推翻清朝、自然灾害、瘟疫流行、军阀混战……每天都有枪炮在响，都有人死去。

可在庐山的牯岭，却依然一派水波不兴的样子。所有的事情都按部就班有条不紊地进行着。仿佛整个世界都刮着龙卷风，而庐山这么一个小小天地包容着那么多国家的人，却悄然地待在它的台风眼里。他们在鸡犬相闻中和平相处，生活就像庐山山谷中的早晨一样，淡泊、宁静，一派田园牧歌的景致。

对于那个改变了庐山历史的西方人，有人说他是哥伦布式伟大的探险家；有人说他是精明的商人，甚至说他是中国最早的房地产开发者；有人说他是无耻和贪婪的骗子；还有人说他是极富野心的殖民者。因为牯岭的成功开发，后来在大英帝国的海外殖民扩张中李德立被委以重任。

李德立回忆录中说："我现在已把开辟牯岭的经过事实，呈现在大众面前。希望这些史实的记载，于当年幕中人散台后，能留下永久的兴趣和价值在人间。"

1921年，李德立离开中国。1939年，死于新西兰，享年75岁。

1935年，牯岭租借地被中国政府正式收回。

六、别　墅

▲ 美国传教士阿伯洛姆·希登斯特里然一家

1895年，牯岭又一块土地有了新的归属。

两年之后，庐山长冲东谷标号86A的地块上，有了一幢装饰一新的石头别墅。购买这座新别墅的人，是一位来自美国弗吉尼亚的传教士，他叫阿伯洛姆·希登斯特里然，几乎没有人能从这

赛珍珠：美国作家。她于1922年在庐山牯岭开始尝试写作，1931年发表长篇小说《大地》，立即成为畅销书。1932年获得普利策小说奖，1938年获诺贝尔文学奖。在她的一生中，赛珍珠创作了超过100部文学作品，她也是唯一同时获得普利策奖和诺贝尔奖的女作家。

个名字联想到什么，而他的中文名字赛兆祥之所以日后被人记住，多少与随他同来的女儿有关。

这位美国传教士的女儿，和她的父母一样，面对的是一座陌生的山地和新的石头房子。然而，这个孩子她很快爱上了这里。这座供一家人避暑的别墅以及它所在的这座山，从此在她的生命中有了非凡的意义，并成为她一生中最美好的回忆之一。

“每年六月，当秧苗从旱地移插到水田的时候，也就是去牯岭的时候了”。“距我家不远处，有一眼山泉。泉水从山顶上流出，晶莹透彻。这里的生水可以直接饮用，简直成了我们的高级饮料。”

赛兆祥的女儿成年之后，学会了用动情的文字回顾她在中国的生活，而庐山牯岭，几乎充满了她的童年记忆。她还为自己取了一个非常地道的中文名字：赛珍珠。

赛珍珠18岁之前一直生活在中国，中国的美景连同中

▲ 美国作家赛珍珠

▲ 庐山给赛珍珠留下深刻印象

国人的世界，以及中国人的思维，无不对赛珍珠产生了深刻的影响。在她日后的文字中，她坦诚地说，从不觉得那时的自己是个外国人。

庐山的青山绿水，丰富了孩提时代赛珍珠对中国的认识，并给她留下很深刻的印象。

对于20世纪初纷繁复杂的世界而言，庐山牯岭仿佛是在高山上营造的天堂，那些曾经在此生活的外国人总会以清爽、自由、恬静，又不乏生活乐趣来概括庐山留给他们的印象。

庐山的每一处山石，每一棵草木，甚至每一滴流水，对曾经在此生活的人们来说，都是与之结缘的生命的化身。赛珍珠在自己的回忆录里写道："中国的避暑胜地，没有一个堪与牯岭媲美"。

庐山的牯岭别墅区，并非只遵循着选景秀美这单一的要求，这里每一幢别墅，都位于被严格规划好的地域，这是当年李德立邀请各国设计师，别有章法的设计。1922年，李德立授意牯岭执事会出版了《庐山的历史》一书，将牯岭的旧貌新颜对比其中。从书中的图片，可以感受到当年庐山的变化。牯岭别墅区规划的更多价值也藏在这个变化之中。

18世纪起，英国发生的工业革命，彻底改变了人们的生活。随着工业化进程，人们的生活空间日益恶化，人口拥挤、环境污染等问题，引发人们去思考，现实中适合人类居住的伊甸园，到底是什么模样？1898年，英国空想社会主义学者霍华德出版了一部探讨人类理想生活空间的著作《明日的田园城市》。他认为，人们的生活空间应该融入自然生态，结合城市和乡村的生活要素。也许是历史

工业革命： 18世纪中叶，英国人瓦特改良蒸汽机，由一系列技术革命引起了从手工劳动向动力机器生产转变的重大飞跃，随后向英国乃至整个欧洲大陆传播，称为工业革命。工业革命是资本主义发展史上的一个重要阶段，实现了从传统农业社会转向现代工业社会的重要变革。同时也是一场深刻的社会关系的变革，使社会明显地分裂为两大对立的阶级——工业资产阶级和工业无产阶级。

伊甸园： 根据《旧约·创世纪》记载，上帝按照自己的形象造了人类的祖先男人亚当，再用亚当的一根肋骨创造了女人夏娃，并安置他们住在伊甸园中。伊甸园在圣经的原文中含有乐园的意思。关于伊甸园的所在有很多说法，有人说在以色列，有人说在埃及，还有人说在非洲、南美、印度洋甚至中国西藏等地。

的巧合，在这部著作尚未发表的1895年，在庐山牯岭，来自英国的李德立和他的规划师们，已经依照类似的思想开始规划牯岭的格局。

今天的庐山长冲河东路一段，仍然可以一览百余年前的精心布局。林赛公园是公共活动的天然花园，它位于整个别墅区的中心地带。长冲河畔，有垂直于河道的石板路通往私家宅院，低低的墙垣保证了视野的开阔，自然的溪流与山坡上的别墅构成了和谐的景致。无论冬夏，大自然把这里装点得气质迥异并且令人着迷。如果说霍华德还只是把自己的梦想停留在纸上，那么庐山的牯岭已经成为梦想实现的地方，这里的山水人居甚至已经超越了一个理论家的梦想所及。

融入自然，远离嘈杂，对于那个时代寻找梦境般生活的外国人来说，牯岭虽不是一个城市，但这里环境舒适，生活便利已无可比拟。汇聚着世界诸多民族风格的别墅，在中国山水间舒展开来。牯岭的中央别墅区被日益打造成一个环境舒适、生活便利的理想家园。

别墅、花园、教堂、学校、运动场……今天在庐山保存完好的诸多建筑，足可说明当时牯岭公共设施的完备。从当年外国儿童嬉戏的影像资料中，我们可以获知，在庐山的盛夏和严冬，他们都过着无忧无虑的生活。

这些孩子，便毕业于罗根探访的当年的美国学堂，罗根的曾外祖父曾是这里的校长。虽历经沧桑，但学校的整体建筑仍保持着原有的风格。今天，这里已经成为牯岭的一座宾馆。在这里，罗根看到了当年的一块界碑，并且

▲ 当年庐山的外国儿童在水中玩耍

▲ 罗根探访当年曾外祖父执教的美国学堂

▲ 罗根的曾外祖父罗依奥古德

从工作人员口中，更清晰地知道了一些新鲜的故事。

罗根的曾外祖父罗依奥古德，是庐山人最该记住的一任校长，抗日战争时期，这位校长曾将教室腾空，收留上山避难的中国难民。庐山植物园的众多标本，就是在他父亲的协助安排下，整体转运到美国学堂里保管的。在面对共同敌人的时候，他的曾外祖父和中国人成了共患难的朋友。

然而，在这之前的几十年里，在牯岭生活的外国人可能没有意识到，他们的美妙生活，完全离不开中国人的劳动。那些不断新建的别墅房屋、室内的家具和生活用品，甚至外国人，无不依赖中国人的手举肩扛从山下运到山上。也许没有人想过，为了营造一个山巅之上的歌舞升平，中国人付出了多大的艰辛。

▲ 庐山各具特色的别墅

庐山石工，是修筑别墅房屋的主要力量。规划者为了保护别墅区优美自然的生态环境，修建别墅的石料要到距离别墅区很远的地方去开采，再运到别墅区。修建一幢别墅需要多少石料，从来没有人仔细统计过，因为庐山的别墅多种多样，大小不一，但平均计算，建一座别墅至少需要800吨石料。如此浩大的工程，谁能想到，依靠的只是最原始的工具和石工们的肩膀。

如果说庐山牯岭上，因为拥有了千姿百态、各具特色的别墅，而称得上是万国别墅博览园，那么石工就是它的缔造者。

牯岭别墅的图纸都是户主或者设计师提供，但将图纸变为现实的却是中国人。石工们在建造过程中，根据实际需求，掺入了许多中国建筑的元素。所以，许多别墅乍看是西式的，细看却能发现中式的细节，这也使庐山别墅呈现出更丰富的风格样式。

修建于1910年的美国圣公会大教堂，是牯岭最富特点的石建筑之一。教堂所用外墙石料都是未经打磨的“毛石”，石面粗糙，气势苍劲，粗犷之余又不乏质朴和自然，整体看上去，与附近的环境和谐相融，仿佛是从庐山的土地里自然生长而出。这幢用1000余吨石料建成的教堂，被称为牯岭别墅建筑的杰作。

每当赛兆祥来庐山避暑时，就在这所教堂布道。赛兆祥是一个善良、虔

▲ 庐山圣公会大教堂

诚的传教士，他以“待人以诚，爱人如己，救人之急，解人之危”自勉，希望以自己的真诚和中国人拉近距离。

在中国频受列强欺凌的岁月，使中国人对外国人的感情融和了敌对、妥协、敬畏、愤恨和好奇等诸多因素。赛兆祥没有意识到，当他站在中国人为他垒起的教堂里，传达着所谓人人平等的福音时，教堂之外，一段段隔绝种族的石壁仍然在层层垒起。被隔绝在外的人们也许并不关心天国在哪里，在他们眼中，一家的温饱才是他们生存的全部意义和价值。

“当我被问及中国人是什么样的人时，我无法回答，因为中国人既不是这样，也不是那样，他们就是人而已，我谈论他们的时候就像谈论自己的亲人，我和他们实在是太亲近了”。这是赛珍珠 1933 年在她的一篇自传随笔中写下的文字。相比于她的父亲，赛珍珠显然更能融入这个国度的人民之中。

赛珍珠 18 岁离开中国回到美国读大学，久受中国思想影响的她在自己的母国被同族人视为异类。因此大学毕业后，她又回到中国。并在 1914 年，陪伴多病的母亲在庐山度过了整整一年。

冬雪季节，绝大多数外国人陆续下山了。酒会、舞会、沙龙和野餐等活动为牯岭带来的音乐、笑声和欢闹，随着寒意的到来，静悄悄地收场了。陪伴母亲在庐山过冬的赛珍珠，此时看到了庐山生活的另一面。这一年，第一次世界大战打得正凶，远离战火的牯岭虽然宁静清冷，却带给赛珍珠温暖的感觉，照料母亲和阅读大量汉语典籍，构成了赛珍珠每天生活的主要内容，她学会了像普通的中国人那样，照看自己和家人的生活。赛珍珠在此后多变的中国，经历了饥荒、水灾、北伐战争等一系列事件，她更为深刻地感受到了同她并肩躲避灾难的中国人，为生存付出的艰辛。

1922年，当赛珍珠再次来到庐山时，她父母和自己在中国的种种经历，以及对被她视为兄弟姐妹的中国人的丰富感情，令她内心冲动不已，激发了她创作的欲望。在牯岭别墅的书房里，赛珍珠开始了写作生涯。中国人、中国事一直是赛珍珠创作的主要题材。1931年，赛珍珠最重要的一部作品《大地》问世。

应该说小说《大地》的出版，具有划时代意义。它在西方人认识中国、了解中国的历史进程中，既是一个转折点，又是一个新起点。从这一点开始，西方人看到了真实的中国人的形象，了解到了真实的中国人和中国文化。

中国人用坚韧承受着那个时代国家的波折和动荡，也支撑着对美好明天的向往。当石工的劳动号子响彻山林的时候，震撼了一位在庐山小居中的中国诗人，他就是徐志摩。他激动地说，这声音是发自内心的呼喊，是整个中华民族的心声，是中国人永不颓废精神的体现。徐志摩为此创作了一首与自己婉约风格完全不同的诗——《庐山石工歌》：

“我们早起，看东方晓，鄱阳湖低，庐山高。我们早起，看白云飞，天气好，上山去。闪电飞，大雨暴，天昏地黑，天雷倒。上山去，上山去，鄱阳湖低，五老峰高。”

▲ 诗人徐志摩

与此同时，在山上创作的赛珍珠同样被激昂的声音吸引了，她同样在这样的声音里听到了被自己视为同族的中国人精神的力量，这不是单一的勤劳和坚韧，而是团结的力量。她对

▲ 赛珍珠获诺贝尔文学奖

中国人更新的理解越来越多地融入她的作品当中。

就在《大地》出版的1931年，赛珍珠的父亲赛兆祥在庐山病故。几年后，赛珍珠将牯岭上自家别墅出售，在中国生活了40年的赛珍珠，于1934年离开中国。然而赛珍珠与中国的情缘却没有结束。在其后半生，她仍然用文字和行动向世界传达着对中国的热爱，展现了一个离乡游子才有的无限眷恋。

1938年，赛珍珠因创作小说《大地》及父母的传记而获得诺贝尔文学奖，她在致答谢辞时，向世界再次抒发了自己对中国的情感——“如果我不为中国人说话，那我就是不忠实于自己，因为中国人的生活也就是我的生活。我的祖国和我的第二祖国中国，在心灵上有很多相似的地方，但首先是对自由、美满和幸福的强烈愿望和美好追求。”

此后，因为种种原因，赛珍珠再也没有回到让她魂牵梦绕的中国大地。1973年，赛珍珠辞世时，身穿中式丝绸旗袍，在她的墓碑上没有任何多余的

▲ 庐山赛珍珠纪念馆

文字，只有她亲笔撰写的“赛珍珠”3个字。

庐山牯岭上那座赛珍珠一家生活过的别墅，如今已经变成了赛珍珠纪念馆。来此参观的各地游客，通过她的作品和展示，了解那个将中国视为祖国的美国女作家，了解那些历经风雨的老别墅和它们周围发生过的往事。

罗根的假期快要结束了，他说家人在等待他回去讲述这次庐山之行的见闻。也许罗根并不知道为何家人会那么看重他的庐山之行，也许像他这样的一代年轻人，还不能完全了解中国文化中的乡土之情到底是怎样的感受。但他知道，并非只有他一个人在庐山寻根。

在美国，很多人始终无法忘怀中国的庐山带给他们家族的记忆。他们有着特殊的聚会传统，人们相聚的原因，是这些人的祖父母或者外祖父母，都曾经是在庐山生活过的一员。他们之间的共同话题，是世代相传的有关庐山的乡土之情。

七、壮　士

1937年初夏，庐山虽然清风徐徐，但空气里却弥漫着不安与躁动。6月18日，国民政府军事委员会副委员长冯玉祥抵达庐山；6月28日，国民政府主席林森抵达庐山；7月3日，国民党中央政治会主席汪精卫抵达庐山；7月4日军政部长何应钦、西安行营主任顾祝同联袂抵达庐山；7月12日，国家经济委员会常委宋子文抵达庐山，此外，蔡元培、胡适等社会知名学者也陆续抵达庐山……短短一个月里，几乎当时中国所有的大人物云集庐山。当然，能把他们聚齐的只能是一个更大的人物。

对于蒋介石来说，这是一个充满烦恼和危机的夏天。6月初，他同中共代表周恩来在庐山的一幢别墅里进行了一周的谈判，蒋试图通过成立国民革命同盟会消化掉红军武装，但延安方面早就洞悉了他的意图。更糟糕的是，几天前日本人竟然炮轰了宛平，他心存的最后一丝幻想在隆隆炮声中变得越发渺茫。

与国民政府的犹豫不决形成鲜明反差的是，中国共产党一直以来就极力倡导“统一战线”的建立，并为此不懈地争取。1937年6月4日，周恩来登上庐山，面见蒋介石，并提交了建立统一战线的草案，但蒋介石却置之不理，反而要求收编红军武装，又公开提出“请毛先生、朱先生出洋”。使谈判陷于僵局。

1937年7月7日，日本驻军突然向宛平城内的中国守军发起进攻，史称“七七事变”。翌日，中国共产党通电全国，号召团结抗日。同一天，守卫平津的第29军军长宋哲元接到蒋介石的电令“固守勿退”。

北平上空骤起的炮声却驱散了千里之外，徘徊在匡庐之巅的层层云雾。出乎蒋介石的意料，那些平日里派系不和，明争暗斗的军政要人此时竟呈现出前所未有的统一和坚决。抗战的热情横扫整个庐山。对于国民政府的迟疑不决，有人愤愤地讥讽道：“一叶荣枯视天下，此山不语看中原。”

7月13日，中共代表周恩来、秦邦宪、林伯渠又一次登上庐山。周恩来将亲自起草的《中共中央为公布国共合作宣言》交给了蒋介石。为了尽快促成“一致抗日”的局面，延安方面对于蒋介石一系列的苛刻条件，做出了最大的让步。共产党这种无私和真诚的气度也感染到包括宋美龄在内的很多人，名人谈话会召开在即，所有人的目光都投向蒋介石，等待他做出最后的抉择。

《国共合作宣言》：抗日战争爆发后，中共中央为国共合作抗日发表的宣言，提出发动全民族抗战、实行民主政治和改善人民生活等三项基本要求，重申中共为实现国共合作的四项保证。1937年7月15日，中共中央正式送交国民党；9月22日，国民党发表了这个宣言，标志着抗日民族统一战线正式形成；9月23日，蒋介石发表谈话，指出团结御侮的必要，实际上承认了中国共产党的合法地位。

今天的庐山抗战纪念馆就是当年召开名人谈话会的庐山图书馆。这间屋子里复原了当年谈话会的会场。1937年7月17日，超过160位军政要员、社会贤达聚集在这间屋子里。就在几个小时前，日本国五相会议刚刚做出决定：增派40万军队入华。在这个最后关头，蒋介石终于被迫放弃了“攘外必先安内”的国策，发表了令全世界瞩目的《庐山声明》。

——如果战端一开，那就是地无分南北，年无分老幼，无论何人皆有守土抗战之责任，皆应抱定牺牲一切之决心！

公元前36年，大将陈汤凯歌还朝，留下千古豪言：犯我强汉者，虽远必诛！

1900年后，强敌来犯，这个民族几近冰封的热血再一次喷薄涌动。伟大的中华民族全面抗战就在这座诗人辈出、隐者登临的庐山之巅吹响了号角。第二次国共合作，全民族抗日统一战线的建立，也从这里迈出了伟大的一步！

7月，是庐山一年中开始热闹的时候。人们从四面八方涌来，山上山下所有的景点和旅社几乎爆满。奇峰怪石、清泉流瀑、古树新花……也都在这时一齐争着向世人炫耀它们的曼妙风姿。

淞沪会战：1937年8月13日起中国军队抗击侵华日军进攻上海的战役，是中国抗日战争中第一场重要战役，也是抗日战争中规模最大、战斗最惨烈的战役，前后历时3个月。中国军队投入75个师和9个旅，死伤30万人。1937年11月12日上海沦陷，淞沪会战结束。淞沪会战为中国民族工业内迁争取了时间，也向世界证明了中国绝不会向日本投降。

然而，一个同样的7月里，同样暖阳照耀的山岭间，却是出奇的静默。生命隐匿在其中，憧憬着继续生存，或者有尊严地死去。

此时，距蒋介石在庐山发表抗战声明仅过去一年的时光。侵华日军的脚步声惊醒了紫禁城内的宁静，平津失陷，华北告急；随后，“八一三淞沪会战”，18万中国军魂血祭黄浦江；岁末，日军占领南京开始屠城，国民政府迁都武汉。苍茫神州狼烟四起，大江南北处处飘荡着慷慨悲歌。

九江，因其特殊的地理位置，自古以来就是兵家必争之地。1938年7月26日，侵华日军第十一军在司令冈村宁次的率领下攻占了江防重镇九江。按照原定部署，他们应该逼近武汉，但现在，计划却难以继续。

庐山，一山飞峙，以绝世孤傲的姿态雄踞长江之畔。它方圆250千米舒展的群峰，有如天然屏障，紧紧锁住了日军的前路。

岳飞之母姚太夫人墓，静静地矗立在庐山脚下的赛阳镇，这位鼓励儿子精忠报国慷慨赴难的伟大母亲，死后被宋高宗赐葬庐山。现在，不知道又有多少位母亲不得不把她们的儿子送上前线。大战在即，江西游击总部副总指

▲ 雄踞长江之畔的庐山

▲ 庐山脚下岳飞母亲姚太夫人墓

挥杨遇春出现在庐山脚下的岳母墓前。这个蒋介石眼里的“游击专家”原本是奉命赴第三战区任职。途经江西时，他得到新的命令——保卫庐山。祭拜岳母墓，是杨遇春到后所做的第一件事情，之后他便义无反顾地登上庐山。

在庐山，供杨遇春调配的只有2个江西省地方保安团，三团和十一团。此时，没有人会想到，这两支并不起眼的保安团铸就了庐山抗战中坚守到最后的要塞。

庐山下，薛岳兵团阻击日十一军的战斗已经在九江全线打响。7月30日，日军太久保联队在炮火掩护下开始向庐山土坝岭发起进攻。狙击他们的是保安三团第二大队。这些中国军人此刻出奇冷静地等待在掩体中，枪口对准来犯之敌。当日军离他们不足100米时，枪声、爆炸声、喊杀声骤然响彻山岭。据记载，土坝岭战斗中，歼灭日军近百，中国军人表现了决死之心，至少有2名保安团战士与敌人同归于尽。

激战拉开了保卫庐山的序幕，似乎也预示着这将是一场旷日持久的战斗。

庐山最高的山峰是大汉阳峰，曾名“大岭”。今天的峰顶之上遍是参天大树。据说早年间，如果天气晴朗，从那里可以看到汉阳的灯火，故后来改名“大汉阳峰”。

不知道当年的庐山守军是否也曾驻守在此。如果是，他们一定时常向远方眺望，在那里，是硝烟紧锁的武汉三镇。超过100万国民革命军正在与日本帝国的海陆空军展开全方位的搏杀，那里正在进行中华民族抗战史上，历时最长、规模最大的战役——武汉会战。

作为武汉会战的外围战，在庐山遭遇到的抵抗大大超出了冈村宁次的预想。为了速战速决，他启用了素有帝国“军神”之称的饭冢国五郎，命令他从庐山南麓向德安迂回，从背后包抄薛岳兵团。这是一把匕首，一旦出鞘，将是对九江一带中国军队的致命打击。

▲ 庐山大汉阳峰

饭冢国五郎，日本陆军第101师团101联队联队长。在侵华战争中屡立奇功，是日本家喻户晓的“英雄”。

然而，事情并不像冈村计划的那样顺利，饭冢联队在经过庐山东南的东牯山时却遇到国军106师的拼死抵抗，双方陷入僵持。这时，一支天降奇兵出现了。

在庐山牯岭，熟悉游击战术

的杨遇春做出了一个大胆的决定——增援友军。他从不足3000人的保安团中挑出105人，配备32挺机枪在星夜潜下庐山。第二天清晨，他们出现在东牯山战场，与友军呈夹击之势。这令已经消耗数日的日军猝不及防，战斗再次打响，日军且战且退。就在那天，一颗来自中国士兵的子弹要了日本“军神”的性命。

饭冢的死惊动了日本国，更令冈村宁次投入武汉大战场的作战计划一筹莫展。庐山守军的任务原本只是驻守牯岭，但是他们依托庐山地势，充分发挥游击战术，主动寻找敌人，配合友军四面出击。

1938年10月10日，庐山附近的万家岭，薛岳兵团歼日军第106师团万余人，写就了中国抗战史上与平型关战役、台儿庄大捷齐名的——万家岭大捷。

战局瞬息万变。万家岭大捷17天后，10月27日，为时四个半月的“武汉会战”以中国军队战略性撤退而告终。随后，九江一带陆续沦陷。庐山实实在在变成了一座孤山。驻守牯岭的两个地方保安团接到的任务却是继续保卫庐山。每个人都清楚，接下来将是一场什么样的战斗。

不清楚对手实力的日军不敢贸然进攻，他们严密封锁了从山脚通上山的包括好汉坡、九十九盘在内的8条山路。但他们却忘记了传说中的第9条路——那条在陶渊明《桃花源记》里出现过的，通向神秘国度的小路。事实上，它真的隐藏在庐山康王谷的深处，从那里可以直达“大汉阳峰”。

万家岭之战：1938年10月2日，日军第106师团主力孤军深入到万家岭地区。发现这一情况后，中国方面立即抽调大军全力出击。双方激战至10月9日，日军第106师团损失惨重。11日，中国军队撤出战斗。与台儿庄大捷和上高大捷并列为中国抗日战争的三大胜利。

一个危机四伏的夜里，一个谁都不会想到的人就是从这里悄悄登上了庐山。

今天，在庐山抗战纪念馆里，保留着一个房间，所有摆设一如70多年前的样子。这间屋子的主人尽管只是在此短暂停留，但是他出现在庐山的意义，却是极为特殊的，他就是时任江西省保安处少将副处长的蒋经国，时年28岁。

蒋经国在庐山逗留了一周，他冒死登山的做法鼓舞了中国守军的士气，也充分说明了国民政府对于这支部队的重视。与此同时，中国共产党也在全国范围内掀起一股支援庐山孤军的热潮。一时间，这些横刀立马据守于匡庐之巅的中国军人，成为全国人民关注的焦点。转眼间，秋去冬来，庐山守军虽然早已不足3000人，却依然震慑着山下整整一个师团的日军。

庐山保卫战进入到最艰难的时刻。伤亡人数在一天天增加，天气一天天寒冷，在日军猛烈的炮火下，不再有援军，也不再有补给，而此时的日军已经完全清楚庐山守军的真正实力，变得越发疯狂。

庐山人自觉发起一个叫“卫庐社”的游击武装组织，分为青壮组、妇女组，甚至还有儿童组。青壮年负责抬担架、送弹药；妇女们负责照顾伤员、缝衣做被；儿童则负责站岗放哨。

庐山的侨民，这一次也毫不犹豫地加入到保卫庐山的行列。在一幢瑞典人夏定川住过的别墅前，至今还留有庐山人为他镌刻的功德碑。

从1938年冬至1939年春，日军对庐山的进攻越发猛烈。对于庐山守军来讲，捍卫中国军人的尊严已经远远超出了保卫庐山的战略意义。

一夫当关，万夫莫开。庐山将士守卫在通上牯岭的所有山路，子弹没有了，还有大刀，砍钝了大刀，还有一条性命。几乎每一场战斗中，都有人以绑满手榴弹的血肉之躯冲向敌群。

▲ 牯岭小天池

1939年4月17日，春雨。雨水引发了山洪，莲花峰下冲出了一条深沟。日军收买了一个当地猎人，沿这条深沟登上了牯岭小天池。

最后的激战长达一夜之久，毙敌1600余人，直到4月19日，在没有外援的情况下坚持了9个月的中国守军被迫撤离，转入岷山开始了更加持久的抗日游击战争。

仅以守军保安第三团为例，1938 年 7 月 26 日初登庐山时，第三团实有官兵 1653 名，至 1939 年 4 月 19 日突围下山后，仅存官兵 840 名。

青山处处埋忠骨，何必马革裹尸还。我们无法详知他们每一个人的名字，但是庐山孤军 3000 壮士的传奇将彪炳后世，那些年轻的中国军魂也将从此永伴名山，看匡庐如黛，看残阳如血。

庐山孤军守山长达 267 天，大小战斗 200 余次，书写了抗战史上的奇迹。

▲ 庐山抗战纪念碑

八、变　通

在徐霞客眼中，庐山不同于他游历过的其他名山，庐山处于浔阳江和鄱阳湖交汇处，三面是水，他认为凡大山得到水的衬托，就能抵得住它的气势，让它涌荡腾跃，称得上灵气所钟。而江和湖的水，吞吐进出，平稳宽阔，与海水之气势大不相同。所以靠海的山岭大多显得雄壮深沉，而庐山则具有清逸动人的景致。

在先古名人游历庐山时所留下的诗篇中，不难看出，他们往往是以仰视的视角描绘这座大山。陶渊明写的“悠然见南山”和李白的“遥看瀑布挂前川”都是这种视角，而苏轼的“不识庐山真面目，只缘身在此山中”则更能表现诗人对无法一眼望到庐山全景的感叹。而造成这一现象的原因又是什么呢？为什么这些伟大的诗人在描写庐山时很少用一种俯视的姿态叙事抒情呢？

庐山地处江西省北部，耸峙于长江中下游平原与鄱阳湖畔。山体面积约 282 平方千米，其主峰大汉阳峰海拔 1474 米，东西两侧山体多峭壁悬崖不易

▲ 庐山

攀爬，南北两坡甚缓。其自东汉名扬海内之后，直至明初才真正拥有一条上山登顶的大路，这就是朱元璋为运送御碑所修建的九十九盘。其他的山路则都是民众上山砍柴、采药所行走的小径，崎岖陡峭不易前行。而那些古时来庐山游历的名人圣贤，多在山下或山间活动，很多古迹和寺庙也都集中在这些地区，很少有人登顶一览庐山全貌。

少年时便立下“大丈夫当朝碧海而暮苍梧”伟大志向的徐霞客则不同于其他文人墨客，探险与游历伴随他走过了一生。在沿崎岖山路攀爬至大天池后，他又毅然登上至今仍少有人涉足的庐山主峰：大汉阳峰。并在其游记中记录了以下文字：“南瞰鄱湖，水天浩荡。东瞻湖口，西盼建昌，诸山历历，无不俯首失恃，指眼见之山都比汉阳峰低，因而无法与之抗衡。”寥寥数语把庐山之巅风貌尽收笔下。

徐霞客的到来让庐山风貌第一次客观全面地展现在世人眼前，如果说之前文人咏颂庐山多为写意抒情，那么徐霞客笔下的庐山则更多了一些纪实的成分。他在游记中记录的那条为运送御碑修建的“九十九盘”，在提及时往往只用“大路”两个字代替。而徐霞客笔下的“大路”在今天看来依然崎岖难行，很多地方十分陡峭，甚至需要借助双手才能行进。可想而知，当时庐山掩藏在茂林与溪谷间的“小路”会是怎样一番景象？

庐山由90多座山峰环绕而成。明清以前，山上只有几座庙宇，上山的大部分是樵夫、药农，他们从四面小道上山。

在徐霞客登顶庐山的268年后，又一个改变庐山命运的人来到这里，他不曾看过徐霞客的游记，也没有拜读过那些流传千古的诗篇。他来的目的是要把庐山打造成宜居的山间别墅、避暑之地，让更多的人居住在这里，而不是走马观花之后匆忙下山。要完成这一目标，第一个要做的事就是修一条路。因为要想建设此番浩大的工程，那条上山唯一的“大路”——九十九盘，显然已不能满足他的需要。这个在庐山修筑第二条上山大路的人就是英国传教士李德立。

李德立修的山路也是由人工开凿垒砌而成，总长约9千米。他将路宽定为2米，以保证行走安全，行轿从容。这条现已成为人们健身登山的石头山路，就是自李德立上山之后热闹了大约半个世纪的“莲牯路”。

莲牯路的修通，使得山居的适宜性大大增强。与行走九十九盘相比，是质的飞跃。从李德立开山到新中国成立，足有半个世纪，上山的人们走的都是这条莲牯路。当年的莲花洞熙熙攘攘，热闹非凡，抬轿业成了当地农民谋生的主要手段。民国时庐山的夏都时代，就是靠这条石头山路和一顶顶竹轿，勾连起了庐山与世界的联系。

改变庐山轿夫命运的是始自1952年9月炸山的炮声。新中国成立不久，

▲ 庐山莲牯路

庐山的北山公路开始修建，国家想让现代化的交通工具直达庐山，这在从前看似不可能的工程在不到一年的时间就完成了。1953年8月1日，全长35.6千米的庐山北山公路建成通车。汽车从九江行驶不到一小时即可直抵牯岭。庐山此前虽已有2条人工道路，却只是步行道，山高坡陡，路途遥远，致使庐山的日常生活一直处于半封闭状态。而现在，一条畅通的车行道路，则完全改变了庐山人的生活。

突然之间，庐山与山下的人们拉近了距离。而抬轿业则在马达的轰响中萎缩，乃至消失。当时的中国，没有哪一座高山景区像庐山这样通畅而方便。而庐山也第一次成了大众的疗养胜地。

1953年，江西庐山疗养院成立。山上遗留的100多栋英、美、法、德、日、俄、瑞典等欧美别墅被改造成干部和劳动模范休养的地方。疗养院的院落散落在庐山东西两谷，每年有无数劳模坐着大客车，欢天喜地地来到庐山，他们中很多人来自生产第一线。庐山曾经只是他们的一个梦，如今他们梦想得以成真。

九江成了人们登庐山之前的集结地。熙熙攘攘的码头上人来人往，客轮载着游客在这里上岸，然后登临那座梦中的仙山。

1959年夏，一艘名为“江峡号”的轮船沿长江顺流而下，驶向九江码头。船上那伟岸的身躯是新中国的伟大领袖——毛泽东。他要从这里开启他的庐山之旅，自此到1970年，毛泽东先后在庐山生活了137天。

庐山自成为人民大众的疗养胜地之后，每年都有新的变化。称得上山景宜人，设施完备。日照峰隧道1953年即已开凿，令山南山北得以贯通。而新修的环山公路则把山上的各个街区和著名景点全部连接了起来。1954年，一道大坝横亘在芦林山谷之中，拦住了汹涌而来的山水。庐山的人工湖泊由此形成。山巅之上，除去流泉，亦有静水，从此，峰峦相对之间，又与碧水相映。

涓涓流淌的长冲河，自1886年李德立在附近租地建屋起，已过去73年。1959年夏，中共中央政治局扩大会议在庐山召开，毛泽东第一次来到庐山。

▲ 庐山人工湖泊

巧合的是他所居住的地方正是蒋介石和宋美龄曾居住过的美庐别墅，当时人们更习惯叫它180号别墅。

毛泽东并没有排斥老对手曾住过的这座砖木结构的二层小楼。相反，他很喜欢美庐的环境，那首著名的《七律·登庐山》就是在美庐二楼的书桌上完成的。“一山飞峙大江边，跃上葱茏四百旋。冷眼向洋看世界，热风吹雨洒江天……”在有诗人气质的毛泽东看来，1959年的庐山会议气氛应该轻松些，因为当时的国内形势已开始好转，他把这次会议称为“神仙会”。

“神仙会”的旧址是原国民党军官训练营的庐山大礼堂。1959—1970年的3次庐山会议都是在这里召开的，而每次会议都影响了当时的政局，并在中国历史上留下了浓重的一笔。

1961年毛泽东第二次来到庐山时，他有了一座属于自己的别墅——芦林一号。这座占地2万平方米的别墅，坐落在庐山牯岭南面的芦林湖畔，依山傍水，林木掩映其间。与庐山其他别墅不同的是，芦林一号采用了类似北京四合院的回字形结构，并加以苏联的建筑样式，整体空间宽大。卧室面积将近100平方米。不知是否因为太空旷的原因，毛泽东不太喜欢在这里过夜，通常只在这里办公，晚上回美庐睡觉。

在庐山自然、恬静的青山翠谷中，老一辈国家领导人时常流连忘返，深入其间。很多领导人包括邓小平在内也是第一次上山。据当时的居民回忆，

▲“神仙会”旧址

会议期间，他们时常看到领导们与当地群众谈笑风生，嘘寒问暖。这些国家的决策者们也在这里留下了自己的影像和赞美的诗篇。

诗词苑是 2009 年建成的一片建筑。时常有游客到山林掩映的这里欣赏品读那些刻着鲜明时代烙印的诗词，而很少有人知道这里镌刻的诗词大都是毛泽东头两次上山时所作，最后一次主席来到这里时，山上的气氛则有些不同。

1970 年 8 月，年逾 77 岁的毛泽东第三次也是最后一次登上庐山。与前两次不同的是这一次中央召开第九届二中全会是在空前紧张的氛围中进行的。

由于紧张的国内形势，和“山雨欲来风满楼”的氛围，出于安全考虑，毛

▲ 诗词苑

泽东没有住进美庐或芦林一号，而是被秘密安排住在了庐山脂红路 175 号别墅，这座单层建筑面积虽不大，但卧室、会议室一应俱全。主席还是一如既往地工作到深夜。在当时的氛围中，他所批阅的每一份文件都影响着全国的政局。

1970 年 9 月 9 日，毛泽东离开了他所钟爱的庐山。

庐山经历着时代的考验。虽然这一时期南山公路的修建是庐山的一个亮点，但它存在的真正作用，10 年后才爆发出来。

1979 年的一天，两个男人带着相机来到庐山，他们并不是游览风景或避暑度假，而是为一部电影选景，这两个人就是电影《庐山恋》的编剧毕必成和导演黄祖模。

当《庐山恋》摄制组的大队人马开进庐山，在山间的各个景点正式拍摄时，周围总是围着许多牯岭镇的居民，他们跟随摄制组的脚步寸步不离，仿佛从那时起他们就预感到这部正在拍摄的电影将会在中国电影史上掀起一股非同凡响的波澜。而选择庐山成为电影故事的发生地，则完全是因为编剧毕必成对庐山的熟悉和喜爱。

《庐山恋》在全国公映的时代，这样的故事和寓意，无论电影或小说，都不多见。突然之间，它将无数中国人对美好生活的热情激发出来。看过此片的人都感叹庐山令人如痴如醉的风光，无论是枕流石的佳人邂逅，还是芦林湖的鸳鸯戏水，以及含鄱口的蝴蝶翻飞，都让人在陶醉爱情故事的同时，又惊叹这里的山川水色。因此，电影中提及的诸多景点，一时间成为影迷们向往和追逐之地。

《庐山恋》为庐山创造了奇迹，也带来了财富。庐山人把原有的“东谷电影院”改名为“庐山恋电影院”，每天只循环放映这一部电影，从那时起至今已近 30 年。《庐山恋》是世界上在同一影院连续放映时间最长的电影。它被写入吉尼

▲ 庐山恋电影院

斯世界纪录。同时，这个来庐山旅游之人必到的景点，也见证了新中国成立后庐山的巨大变化。

距“庐山恋电影院”不远的是“庐山宾馆”，这个不高的西式建筑曾是一所人民疗养院，现在它被改造成庐山一座标志性的高档宾馆。而那些老别墅也被改造成了高级别墅酒店，无论外表还是内部都给人一种仿佛穿越时空的错觉，身临期间不但可以享受适宜的环境，还能体会其中的文化。

新的观念与意识激活了中国的经济，也让庐山再次焕发了青春。到庐山旅游，已不再是固定的人群到达指定地点修养的旧模式。在老的招待所改头换面的同时，一批新的民营宾馆纷纷挂牌成立。它们的出现让牯岭成了庐山的旅游集结之地。而那些老别墅也被重新开发出了新的商业价值。别墅群被开发成了旅游景区。这些有百年历史的建筑再次焕发了青春，它们已不只是单纯的老式建筑，更多的文化价值开发赋予了它们新的内涵。当五湖四海的游客踏进记载着庐山往昔岁月的一幢幢建筑时，那些被尘封的故事又被一次次提起。老别墅的故事讲述着一个时代，它告诉后来的人要保护历史建筑的同时，也保护了庐山近代的历史和文化。

庐山自慧远时起便被载入了中国的历史，与先古庐山一成不变的清幽僻静不同的是，庐山在近代的一次次改造和开发中频繁改变着身份。无论是别墅庐山、夏都庐山或是疗养庐山，还是现在的旅游庐山，庐山的转变都只是人为的变化，这座大山永远屹立在鄱阳湖畔。未来它又将是怎样一番光景？会不会承载新的含义呢？ 390 多年前的徐霞客绝不会想到他披荆斩棘登顶的庐山，修建了现代化的升降索道；拥有了旅游环保汽车，登顶庐山已成为一件十分轻松惬意之事。当你站在庐山之上俯瞰这座秀美大山时，还会不会发出“不识庐山真面目”的感叹呢？

慧远大师：他的净土思想对中国文化影响深远，是改变中国信仰体系的一代杰出佛教领袖。他还依据《阿弥陀经》《无量寿经》《观无量寿经》和《往生论》，创建了“阿弥陀佛”四字真经，在佛教中国化过程中起到至关重要的作用，部分地改变了中国文化独尊儒术的局面。不仅如此，他还是大雁气功的传人。大雁气功的形成与佛家、道家文化有着不可分离的渊源，也是性命双修的功法。

九、缘　起

数千年来，文人、隐者、壮士、探险家、科学工作者、政治领袖共同演绎着这座大山的传说。当然，还有那时聚时散的云雾、固守亿年的冰川、异彩纷呈的中西建筑，以及隐匿着无数珍稀动植物的广茂森林。现在，我们有机会一探这座大山的究竟，解读它位列联合国教科文组织“世界文化景观遗产”的真实资本，解读它在华夏文明的长河中神奇多变的角色，解读庐山与庐山人相守了几千年的缘起……

▲ 烟雨中的庐山

2009 年 3 月，春意料峭、乍暖还寒，北京一所静谧的宅子里，一位 98 岁的老者在病榻前展卷提笔，准备为千里之外的庐山取个切实的称谓。毕竟从古至今，“庐山”二字的前后已经被冠以太多各式各样的称谓。

▲ 国学大师季羡林

这位老人就是当代中国的国学大师季羡林。虽然久病缠身，握笔

季羡林：国际著名东方学大师、语言学家、文学家、国学家、佛学家、史学家、教育家和社会活动家，北京大学唯一的终身教授。精通英、德、梵、巴利文、俄、法文，尤其精于吐火罗文，是世界上仅有的精于此语言的几位学者之一。被奉为中国大陆的“国学大师”“学界泰斗”“国宝”。

东林寺：建于东晋大元九年，为庐山上历史悠久的寺院之一。东林寺是佛教净土宗的发源地，对一些国家的佛教徒影响较大。慧远大师在东林寺主持30余年，集聚沙门上千人，后领导中外学问僧123人结成白莲社，译佛经、著教义、同修净土之业，成为佛门净土宗的始祖。

佛教的中国化：佛教起源于古印度，西汉末年传入中国时，先依附于流行于汉朝的道术，魏晋时，又依附于玄学，发展缓慢，仅流行于宫廷。隋唐时期，由于南北政治统一，国家经济发达，文化交流融合，佛教也开始表现出中国化趋势。这一阶段禅宗的出现是佛教中国化的主要标志。宋朝主要流传的是禅宗，这一时期也是佛教被彻底中国化的重要阶段。至此，佛教成为中国传统文化的重要组成部分。

的手不再那么有力，笔锋间也难现往昔的潇洒遒劲，但是，这几个字却因为题字的人而承载起千钧之力。4个月后，季羡林先生与世长辞。先生走得匆忙，甚至我们还未来得及请教先生，他的题词当作何解？

然而，“人文圣山”4个字却已如正午的阳光一般，穿透庐山的云雾，为后世之人照亮了一条登顶匡庐的通途。沿着这条路，人们可以清晰地看到这座大山2000多年间的人和故事；沿着这条路，一花一草、一松一石、一丘一壑，因为先人和往事的缘故亦都沾惹上了说不尽的风流；沿着这条路，漫山遍野的文化景观皆写满了4个字——“人文精神”。

日升日落间，东林寺的晨钟暮鼓已经响彻庐山北麓1600多个年头。这里是“佛教中国化”的基地，是中国佛教化的起点，是佛教净土宗的祖庭，这里有慧远。东晋时期，慧远大师在这里完成了古印度佛学渐进为中国佛学的一次伟大过渡。当慧远大师第一次设想，以儒学、玄学的知识去向世人重新解读异域佛学的时候，他一定想不到，这一动念，将从此改变中国文化的格局。他更想不到，始于他的改革创新，佛教历经几个世纪的嬗变，最终卸去异域文明的外衣，从遥远的恒河流域走进了中国。那些极富中国特色法相的眉宇间也淡去了些许冥想与思辨，平添了几分悲悯情怀与亲近之感。

仅东林寺便足以令庐山名扬天下，可历史偏偏恩宠有加，同在东晋时期，在庐山南麓，还传出另一种声音，每每与东林寺的钟鼓声在风中相和。

▲ 国学大师季羡林为庐山题字

▲ 庐山东林寺大雄宝殿

今天的简寂观虽然不复往昔的模样，但是，这里是“中国道教殿堂化”的完成地，这里有陆静修。道教宗师陆修静曾在这里建起中国南方最大的道观，并在此完成了对天下道经典籍史无前例的搜集和整理，他规范了道教的一系列谱系仪式，被后世弟子沿用至今。散落于民间的道教也因此历经大浪淘沙，完完全全地荡涤一新，跻身于中国三大主流宗教之一。

“外来佛教中国化”“民间道教殿堂化”几乎同一时间在庐山完成了各自的转折。一僧一道在山之南北，各擎帷幕一角，左右一分，便为庐山的人文历史堂堂皇皇拉开大幕。

“江山留胜迹，我辈复登临”。此后1000多年间，一个个闪亮的身影纷至沓来，他们以各自不同的方式，为庐山这部大书撰写下属于自己的那个章回。

如果说，每一位逝去的先贤都可以幻化作一颗星斗，纷然照亮各自的传说，那么，庐山的夜空一定是群星璀璨，如银河般绚烂壮阔。

在中国传统文化的价值体系中，山水大抵是道德与智慧的象征。也许正是因了这个缘故，长江与鄱阳湖环抱中的庐山在历代名士的眼中便具备了一个圣洁之人的品质。

这里是中国田园诗人的发祥地，这里有陶渊明。陶渊明在这里悟透了人生大道，一弦清风就着半瓢浊酒，田园诗歌走遍天下。这里是中国山水诗的发祥地，这里有谢灵运，当他终于穿越过这座大山时，有了重返红尘的勇气，中国的山水诗派从此也就有了魂魄。

可即便有两位诗坛宗师在先，及至唐宋，庐山才算真正开始了诗歌的繁华盛世。

李太白怀着摧枯拉朽的热情，饱蘸着惊风泣雨的文采五上庐山，他筑庐五老峰，隐居九叠屏，把酒高歌中，三千飞流直上九霄。庐山瀑布的轰鸣声余音犹盛，白乐天在他的草堂里已经安然度过了三载寒暑，阅尽匡庐四时风光，也终被他寻见了人间春色的归处。“花径”映衬着乐天的惊喜，可莽莽群山却迷离了东坡居士的双眼，哪处才是庐山真正的模样？苏子瞻的千古一问

▲ 庐山瀑布

▲ 庐山花径

惹得群峰万壑间从此飘荡起说不尽的禅趣……

接着便是孟浩然、张九龄、李贺、王维、杜牧、范仲淹、欧阳修、陆游、秦观、黄庭坚、晏殊，及至晚清以来李叔同、苏曼殊、陈三立、陈寅恪、郭沫若、郁达夫、徐志摩等。今天，已经搜集到的关于庐山的诗歌共计 16000 多首，这个数字仍然在不断刷新之中。也许这些大气磅礴的诗文原本就浑然天成，不过是诗家词人妙手偶得。

“论诗重性情，品画先神韵”。纵览古今，庐山亦不乏丹青妙笔：吴道子、沈周、唐寅、石涛、李公麟、刘海粟、傅抱石等，这些画坛巨匠无不曾为庐山的风景挥毫泼墨……这其中，就有冠绝古今国画史，独尊“画圣”称号的顾恺之。据史料记载，顾恺之为庐山做过两幅画：一为《庐山图》，一为《雪霁五老图》，这两幅画被后世公认开创了中国山水画的起源，是山水第一次脱离人物而独立出现的画作。据说，庐山五老峰的名字便缘起于那幅《雪霁五老图》。遗憾的是，这两幅画早已失传，今人无缘再见，只得从文字的记载中天马行空了。

山水画： 简称山水，以山川自然景观为主要描写对象的中国画。形成于魏晋南北朝时期，但尚未从人物画中完全分离。隋唐时开始独立，五代、北宋时趋于成熟，成为中国画的重要画科。中国山水画较之西方风景画早了1000余年，顾恺之的《洛神赋图》和《女史箴图》是山水画法确立的标志。

好在还有一副与顾恺之《庐山图》同名的画作，想来，我们还是有机会得见。张大千，这位诗画兼修、一身桀骜的老人，曾经自诩游遍天下名山，但阴错阳差间，他却屡屡与庐山失之交臂，直至晚年，“平生未到庐山”已是他最大的心结。1981 年，年过八旬的张大千，尽管已有一目失明，他却开始创作一生中最特殊的一幅作品——《庐山图》。据说，他一反平日里与旁人嬉笑闲谈中作画的习惯，把自己关在画室中，整整一年零七个月。老人没有见过庐山的风姿，下笔所至，全凭心中

▲ 著名国画大师张大千

▲ 张大千的《庐山图》

所想，眼中无山，山在心中。其实，倘若人与山真的可以跨越时空在心弦上相遇，那么，见与不见，又有何妨呢？

画成，高2米，长12米。这幅惊世骇俗的大作现藏于台北大风堂。

庐山还是理学的集成地，这里有白鹿洞书院，这里有程颐、程颢，尤其是这里有朱熹。

宋以前，中国哲学思想缺乏完整的理论体系。新儒学——是一场发自宋朝思想家们的集体行动，是对孔孟儒学的完善和诠释，也是博大精深的中国思想体系中，第一座完整的理论殿堂。近代两位国学大师陈寅恪、冯友兰都曾指出，两宋新儒学的产生，是几千年来中国思想史上的一件大事。

北宋思想家周敦颐，晚年隐居庐山莲花峰，今人多晓得他的《爱莲说》，却少有人知，正是他的另外两篇巨著《太极图说》和《通书》为新儒学的发展打开了大门。

踏着周敦颐的足迹，又一位伟大的思想者来到庐山。他重建了白鹿洞书院，选择以教书授课的方式，传播他的思想，也就是新儒学的重要一脉——理学。这个人就是朱熹，因为他的缘故，白鹿洞书院成为天下书院之首，理学成为一统后世600年的主流思想。

中国的思想者们习惯在自然里参悟天地大道，所以，庐山是幸运的，周敦颐、王安石、朱熹、陆九渊、王阳明……明清以来又有黄宗羲、康有为、胡适等人，无论是理学、心学，抑或是传自西方的启蒙思想，在一波波思潮涌动间，庐山被雕琢得愈发凝练与深刻。

在历史面前，文人恰如微弱但不熄之文火，文火煮山，愈久弥香。因为太多不同流派的诗家、画家、思想家，近代以前，庐山的人文精神已然是精深且多元。如果说，这样的评价还仅限于中国文化体系的内部，那么在19世纪前叶的风雨飘摇中，迎着西方文明的大规模到来，庐山再次被推上历史的潮头，这座大山所展现出的多元性将第一次超越中国传统文化的范畴，开始对话世界……

▲ 庐山白鹿洞书院

近一个世纪前的一个清晨，当庐山石工们的号子唱响在荒芜的山岭，英国人李德立明白，他距离自己的梦想已经不远了。很快，这片荒芜之地将被花园和洋房所覆盖。事实证明，无论李德立有着怎样的初衷，但因他而引发的土地变革却实实在在影响了庐山的历史。

今天，600余栋老别墅就是研读那段历史的第一手资料，它们向世人倾诉着，在那个特殊的年代，庐山是如何被开发为避暑胜地，那些金发碧眼的西方人曾经以怎样的姿态生活在这里……

李德立在中国的庐山上盖起了西方的别墅，赛珍珠却在西方的别墅里写下了中国的故事。在这里，童年的她习惯了和中国孩子一起玩耍，青年的她找到了爱情的托付，中年的她开始了人生中第一次重要的写作，此后的生涯里，她燃尽全部的热情只为一件事情——让世界了解中国。

历史无数次的经验告诉我们，来自不同世界，拥有不同特质的文明终究是要相遇的，这种相遇也必将诞生一张新的面孔，这张面孔的美是可以穿越国界、穿越贫富、穿越肤色、穿越语言和文字，被全人类所共同欣赏并为之礼赞的……

1996年，联合国教科文组织世界遗产委员会第20届会议将庐山列入“世界文化景观遗产”，这是中国第一次入选该项目，享有这一殊荣的景观在全球也只有10余处。

入选的评语这样写道：“庐山是中华文明的发祥地之一，庐山的历史遗迹以其独特的方式，融汇在具有突出价值的自然美之中，形成了具有极高美学价值的、与中华民族精神和文化生活紧密相连的文化景观。”

司马迁在《史记》中第一次提到庐山就是“禹南登庐山，观禹治大水”，这是庐山这个名字，第一次进入国家的典籍。从古到今，庐山的历史一直没有间断过，是一直延续下来的，形成了很多文化遗迹和文化遗产。我们不仅要把前人留给我们的遗产保护好，我们还要给后人创造和留下新的遗产。

放眼五大洲，群山的美是不尽相同的，或以雄浑立世；或以奇秀扬名；或以物华著称；或借神话传说令人流连；或借冷峻严苛令人敬畏……但无论怎样，群山有一点是共通的。

2009年10月，“首届中国庐山世界名山大会”如期召开。当来自世界五

▲ 首届中国庐山世界名山大会召开

大洲近26个国家的嘉宾，以及世界各大名山的代表200余人共聚庐山的时候，“友谊、合作、发展”便成为架设在不同峰峦、不同文化之间的桥梁。

没有云雾的庐山又怎能称得上“庐山”？没有穿越云雾的经历，又怎能见识到真风采？其实，我们在人间穿行的时候，不也正是如此吗？

2000年弹指一挥间。青山不老，云海滔滔。

登山者怀着不同的心境，带着不同的感悟，行走于不同的时空。

匡庐终究是怀抱着那份宁静致远，静观疾风劲雨，世事沉浮。

“我见青山多妩媚，料青山见我应如是”。变换的人与不变的山，在一次次遥相打量中彼此欣赏，相互默契。庐山2000多年的文化历史便不过是一次缘起，作为人文圣山，它的故事才刚刚开始。